心 养 育

养育男孩，
妈妈有办法

龙春华◎著
行为心理学专家

华中科技大学出版社
http://www.hustp.com
中国·武汉

图书在版编目(CIP)数据

养育男孩，妈妈有办法 / 龙春华著. — 武汉：华中科技大学出版社，2021.5
（心养育）
ISBN 978-7-5680-7003-4

Ⅰ.①养… Ⅱ.①龙… Ⅲ.①男性—家庭教育—通俗读物 Ⅳ.①G78-49

中国版本图书馆CIP数据核字（2021）第044510号

养育男孩，妈妈有办法
Yangyu Nanhai, Mama You Banfa

龙春华　著

策划编辑：娄志敏　杨　帆
责任编辑：娄志敏
责任校对：李　琴
封面设计：三形三色
责任监印：朱　玢

出版发行：华中科技大学出版社（中国·武汉）　　电话：（027）81321913
　　　　　武汉市东湖新技术开发区华工科技园　　邮编：430223
印　　刷：湖北新华印务有限公司
开　　本：710mm×1000mm　　1/16
印　　张：14.5
字　　数：184千字
版　　次：2021年5月第1版第1次印刷
定　　价：42.00元

本书若有印装质量问题，请向出版社营销中心调换
全国免费服务热线：400-6679-118　　竭诚为您服务
版权所有　侵权必究

前言
Preface

"龙老师，您好！我儿子今年七岁了，出现了很多让我难以招架的问题，我感到很无助，因此想向您请教关于男孩的教育问题。比如：

"写作业时注意力不集中，总是磨磨蹭蹭，拖拖拉拉，看到作业多就哭。

"总是想看电视、玩手机游戏，很少出门，也不跟其他的小伙伴玩。

"没耐心，做事情有头无尾，总是三分钟热度，马上就丢到一边了。

"没礼貌，大人接打电话时，他会在旁边故意制造声音。我说过他多次，但他就是不改。

"他现在上小学一年级，我很清楚养成好习惯很重要，但看到他种种不良习惯，我很焦虑，不知道怎么办。对于他，我吼过，打过，吓唬过，可事后还是坏习惯不断。

"龙老师，我对孩子的教育很较真，总希望他各方面都是好的，但是感觉他的行为和我的期望背道而驰。我可能说了一大堆废话，有好的建议可以帮助到我吗？"

看到这位妈妈发来的一长串问题，我哭笑不得，并回道："这一大堆问题，就一个问题最大，每天一定要抽时间带孩子去大自然里奔跑，或者骑单车，不能一直待在家里。因为男孩浑身有使不完的劲，当他一身劲无处使时，各种问题都出现了，写作业不认真，发脾气，沉迷于动画片或者手机游戏等等。你自己也去散散心，心情好了，孩子在你眼里就都是优

Preface...

点了。"

于是，这位妈妈当天就带着孩子去骑单车。结果才半天时间，她就改变了对孩子的看法。慢慢地，她收获了一个懂得关心家人、自觉学习、主动帮妈妈分担家务的男孩。

家庭教育专家孙云晓说："男孩问题的本质是家庭与学校是否能够给予适合男孩成长需要的环境与教育，比如多一些运动、动手操作和生活体验，多一些理解、耐心、陪伴和帮助。"

事实的确如此。学校里的高楼让男孩在上学时除了体育课可以运动以外，其他时间几乎没有运动的机会，回到家又是做不完的作业，所以，很多男孩出现近视、肥胖问题。鉴于此，我建议男孩放学后，父母多让男孩在楼下运动运动，然后再回家做作业，毕竟身心健康才是第一位的。

孩子放学后，如果父母不能有意识地带男孩去大自然里奔跑，那么男孩在家里不是玩玩具，就是玩手机、看动画片。即使孩子想打闹一下，父母也会担心动静过大，打扰到邻居。所以，很多男孩身体内的高活动力得不到释放，让他们的内心产生强烈的无力感。

生命在于运动，对于家长来说，我们需要努力为孩子营造良好的成长环境，用正确的方式去养育男孩。

人类是环境的产物，但对男孩的成长来说，家庭环境内忧外患，大环境的改变束缚了男孩的手脚，当下的家庭现状却束缚住了孩子的内心。

缺位的爸爸 + 焦虑的妈妈 = 无助的孩子，这就是当下的家庭现状。

爸爸本来应该成为儿子成长路上的领航标，让儿子从自己身上感受男子汉的气概。但有些爸爸没有认识到教育儿子的重要性，更没有认识到自己对儿子的重要性，他们觉得养家糊口、打拼事业才是自己的主要责任。所以，在养育孩子这件事上，爸爸的缺位让养育男孩的责任完全落在了妈妈的肩头，让男孩失去了模仿对象，很多家庭陷入了"丧偶式育儿"。

所以，大多数妈妈就像上述向我咨询问题的妈妈一样，因为不懂儿子的自身成长规律，因为自己内心不够强大，不敢放手，不懂得尊重男孩，处处限制男孩的成长，批评指责打压男孩，使男孩丧失了自由探索的权利，丧失了男子汉气概，甚至成了"问题孩子"。

除此之外，很多父母还受传统观念的影响，比如，"男儿流血不流泪"，不允许男孩哭泣，不允许男孩表达自己的感受。其实，无论男孩，还是女孩，他们都是通过哭来表达自己的内心需求，因为哭也是一种情绪表达方式。

事实上，男孩小时候更需要妈妈的爱，因为男孩的身体与心理都比女孩发展慢。妈妈的爱就像一股暖流滋养着男孩的心灵。可惜，无数妈妈却用男子汉的标准去要求男孩，生怕自己过多的爱会让男孩长成"娘娘腔"。

其实，每一个男孩身体里都住着一个小英雄，这个小英雄应该在妈妈爱的滋养下长成大英雄，而不是所谓的"娘娘腔"。如果父母给男孩创造了适合他的成长环境并给予正确的引导，给予正确的爱与尊重，那么，相信每一个男孩都会长成内心丰盈且快乐的男子汉。

Preface...

　　父母要给予男孩正确的爱，正确爱的前提是读懂男孩。那么如何读懂男孩呢？行为是读懂孩子心理的窗口，我基于自己养育男孩的经验，并结合妈妈们的咨询案例，创作了《养育男孩，妈妈有办法》这本书，此书以男孩行为为切入口，从男孩的行事状态、男孩女孩的行为差异、男孩发泄情绪行为、男孩表达爱的行为、男孩的说话行为等方面解析男孩产生这种行为背后的意义，从而帮助妈妈通过行为读懂男孩的心理，了解儿子身体和心灵的渐进式变化，减少妈妈的内心焦虑，提升父母的认知层面，给予儿子正确的爱，采用正确的教养方法，有针对性地引导儿子成长。

　　懂在前，爱在后，当父母懂孩子时，父母才能给予孩子正确的爱。真心希望这本书能够带领家长们走进男孩的心理，能够与男孩搭建起一座沟通桥梁，建立良好的亲子关系，培养内心有力量、有担当的大丈夫。

目录 Contents

Chapter 1 · 第一章

读懂男孩的行为状态，重新认识男孩

1. 做什么事都拖拉——"打击式教育"让男孩"习惯性迟钝" /2
2. 做不好事就发脾气——"包办式教育"让男孩"眼高手低" /6
3. 要什么就得买什么——"无条件满足"养出"白眼狼" /12
4. 什么事都不会做——"满分家长"让男孩"零分" /16
5. 做事唯唯诺诺不敢反驳——"虎妈猫爸"让男儿气概尽失 /21
6. 受了欺负就哭——"直升机父母"让男孩成"逃兵" /26

Chapter 2 · 第二章

了解男孩女孩行为差异，发掘男孩天性

1. 课堂上坐不住——男孩自控力欠缺与高活动力的共同结果 /32
2. 争强好胜——中心脑组织激发男孩的竞争意识 /38
3. "我是奥特曼"——身份确认敏感期赋予男孩保护世界的责任 /43
4. 喜欢玩枪——男孩鼓足勇气尝试面对未知危险 /49
5. 喜欢恐龙——渴望强大力量以征服世界 /53

Contents...

Chapter 3 · 第三章
破解男孩发泄情绪行为，让男孩学会管理情绪

1. 动不动就哭——通过哭来表达内心需求 /60
2. 男孩哭着求抱抱——渴望获得安慰 /64
3. 要玩别人玩具遭到拒绝就哭——分不清"你我他" /69
4. 上幼儿园前两天不哭，后来一直哭——新鲜感过后的分离焦虑 /75
5. 孩子踢疼妈妈大哭——孩子需要安慰而不是指责 /81
6. 嘤嘤哭——情绪正由外露转为内隐 /85

Chapter 4 · 第四章
解读男孩表达爱的行为，懂爱的男孩更幸福

1. 男孩会走仍要抱抱——通过抱抱来确定父母的爱 /92
2. "妈妈，我爱你"——爱之初，情真切 /97
3. 不愿扔破旧玩具——不是抠门，而是念旧 /102
4. "我要跟XXX结婚"——婚姻敏感期来临 /106
5. 两小孩玩亲亲——模仿成人行为的结果 /110

Chapter 5 · 第五章

听懂男孩的"弦外之音"，培养会说话的男孩

1. 男孩说话晚——语言中枢成熟相对较晚 /118
2. 说话结结巴巴——语言跟不上思维的发展 /123
3. 说脏话——正在理解脏话的意义 /128
4. "妈妈，你会死吗？"——正在探寻"死亡"的意义 /133
5. "这是一个秘密"——正在宣布自己的隐私空间 /138

Chapter 6 · 第六章

洞察男孩的内心动机，培养有力量的男孩

1. 越让男孩做，他越不做——叛逆让他成为他自己 /144
2. 怕黑——战胜本能，才能获得勇敢 /149
3. 喜欢打成一团——知道什么时候结束很重要 /155
4. 非要小伙伴听自己的——领导力正在悄然滋生 /160
5. 憧憬未来的家庭生活——有担当的男孩才幸福 /165

Contents...

Chapter 7 · 第七章
读懂男孩不合礼行为,培养有礼貌的男孩

1. 不打招呼——道德意识没上升到成人的高度 /172
2. 在超市"偷"东西——不理解"偷"的危害 /176
3. "偷"手机去卖——尝试弄懂买卖这件事 /181
4. 将鞋子扔向妈妈——愤怒的攻击行为必须制止 /186
5. 课堂上扮鬼脸——刷"存在感"以获得关注 /190

Chapter 8 · 第八章
解读男孩的学习方式,培养爱学习的优等生

1. "我为什么要上学"——正试图理解上学这件事 /196
2. "我今天没认真学习"——被安慰的孩子学习更认真 /200
3. 怎么教都不会——不是孩子笨,而是学习也有规律 /204
4. 孩子又快又好地完成作业——有动力的孩子才能好好写作业 /210
5. 孩子上网课说"你好烦,走开"——妈妈越唠叨,孩子越烦恼 /216

第一章

读懂男孩的行为状态，重新认识男孩

Chapter 1

1 做什么事都拖拉

——"打击式教育"让男孩"习惯性迟钝"

妈妈育儿事

"龙老师，八岁半的男孩干什么事情都很拖拉，越催他越慢，怎么办？"一天早上，我刚打开电脑，一位妈妈就通过微信给我发来了消息。

我立即回道："对于八岁半的孩子来说，他已经能够迅速完成一件经常完成的事。如果做什么事情都很慢，家长需要反思，自己做事是不是也很慢？在孩子做事时是不是经常指责、打击孩子？"

"我们一家人做事都很快的，就他喜欢磨蹭！我就想不明白，我怎么生了这么一个儿子？"

"你是不是经常跟孩子说这样的话？"我一下子找到了症结所在。一个经常被打击的孩子是在用拖拉来进行无声的反抗。这也许并不是他的主观意愿，而是他潜意识中的两个自己在互相较劲，一个自己迫切地想要向世人证明自己是一个优秀的孩子，另一个自己每次受到父母的打击时，又像泄了气的皮球，自信心丧失，常常自怨自艾：就这样吧，无论自己做得多好，都得不到他们的一句好。

当自怨自艾的自己战胜迫切想要向世人证明的自己时，自信心的丧失导致行动力大大降低，结果就成了"死猪不怕开水烫"的样子，无论家长说什么，他们都懒洋洋、慢吞吞。所以，可以总结为"打击式教育"让男孩"习惯性迟钝"。

"你父母是不是也经常打击你？"

"是！我小时候不会做家务，我妈就经常说我：'这么点事都做不好，长大了有什么用。'每次考不好时，我爸都说：'考这么点分，还想考大学，都不知道自己有几斤几两重。'每次听到这样的话，我都很崩溃。"

"那你儿子听到你这样说是不是也会崩溃？男人天性需要被尊重、被欣赏，你那一句话就否定了他的所有优点。他还没到明目张胆地跟你反抗的年龄，只能采用这种'习惯性迟钝'的拖拉方式来进行反抗。"

"那我现在怎么办？"

"父母的教育方式就像模子一样，深深地刻在了我们脑子里，当我们教育孩子时，无意识中就沿用了自己父母的教育方式，也许连我们自己都不知道。所以，我们自己首先要摒弃掉这种打击式教育的方式。其次，要看到孩子为克服困难而付出的努力，看到孩子的进步。当孩子某一次提升了做事的速度，要及时表扬他的进步。如果做的事情超出了孩子的能力范围，妈妈可以悄悄提供一点帮助，树立做事的信心比做事的结果更重要的信念。这是一个循序渐进的过程，多一些耐心，多一些鼓励，少一些指责，少一些打击。"我一口气回复道。

妈妈烦恼一扫光

孩子做事拖拉在不同年龄阶段隐藏着不同的意义。在六岁以前，孩子做事看似拖拉，磨磨蹭蹭，实际上这是孩子自己的做事节奏。比如，孩子穿衣服慢，是因为他们不仅在练习穿衣服，还在探索认知衣服，认识纽扣、领子、袖子等。

这就像龙应台在《孩子，你慢慢来》里写的那个女孩不厌其烦地练习扎蝴蝶结一样。所以，对于这个年龄段的孩子，父母如果允许孩子慢慢来，并且给予一定的鼓励，那么当孩子掌握了做事的本领，随着年龄的增长，自然而然就会提升做事的速度。

相反，在这个年龄段，如果父母总是催孩子"快点，快点"，反而会"越催越慢"。随着年龄的增长，孩子慢慢就用拖拉的方式来进行"抵抗"。即使他已经能轻而易举地完成那些事。

所以，面对孩子做事拖拉的行为，父母的引导方式至关重要。如果父母采取"鼓励"的方式，那么孩子的表现就会越来越优秀；如果父母采取"打击式教育"的方式，那么孩子就会"习惯性迟钝"。

中国父母恰恰喜欢采用"打击式教育"的方法，并美其名曰"激将法"，通过不断否定孩子、跟孩子谈条件，甚至拿自家孩子的缺点跟别人家孩子的优点来比较，企图让孩子在打击中成长，企图激发孩子知耻而后勇的决心。

其实，打击就是打击，并不存在教育，这不过是中国父母"棍棒下出孝子"理念的延伸。经常被打击的孩子很容易陷入自我怀疑和自我否定的情绪中，产生自卑、低自尊心理，导致做什么事都没有信心，所以，当父母让他们去做某件事时，他就像没听见一样，或者一拖再拖，半天没反应，态度十分消极。

父母看到男孩这样的行事态度，往往气不打一处来，所以经常说的一句话就是："这么点事都做不好，长大了有什么用。"很多男孩在这句话中，慢慢丧失了自我能动性，丧失了自我价值感，不相信自己可以成为一个有用的男人，自己将自己定位成了"窝囊废""烂泥扶不上墙"，自暴自弃。

父母对孩子的评价往往决定了孩子对自己的评价。当父母认为他无能，他便觉得自己无能；当父母认为他是一个勇敢的男子汉时，他便觉得自己英勇无比。当然，还有一些男孩迫切地想要向世人证明自己的能力，他们追求成功，不是发自内心地去实现自己的价值，只是为了获得父母的认可。这样的人往往在自卑与自负中摇摆不定，即使取得了重大成就，他的人生也是为别人而活。

《男人需要尊重，女人需要爱》这本书里有这样一则调查：如果要在"全世界没人爱你"或"没人尊重你"里选择一个，你会选择哪一个？70%以上的男人选了前者。男人为什么会做这样的选择呢？因为男人宁愿不要爱，也不能不要尊重。可见，需要尊重是男人的天性，作为父母，我们要学会欣赏男孩，父母的赞美和鼓励不但能激发他们的信心和斗志，还是他们长成男子汉的基石。

信心是成功的保证，父母要学会用放大镜看男孩的优点，用缩小镜看男孩的缺点，把尊重、欣赏、赞美、支持送给男孩，我相信每一个男孩都能自信满满、斗志昂扬地面对每一天。

亲子互动

"从今天开始，妈妈跟你各有一本笔记本了，我们互相记录对方每天做得好的事。画满99个笑脸后，我们可以去饭店吃自助餐来庆祝。"

"太好了，妈妈！"

"妈妈觉得你今天就做了一件好事。妈妈提不动菜时，你帮妈妈抱了一个茄子回家。"说完就给小龙画了一个笑脸。

"妈妈，我觉得你今天也做了一件好事，你做饭给我吃了，我也要给你画一个笑脸。"小龙说完，也给妈妈画了一个笑脸。

每天有这样互动的时刻，互相记录对方每天做得好的事。

2 做不好事就发脾气

——"包办式教育"让男孩"眼高手低"

妈妈育儿事

有一位妈妈在陪孩子画画时,总喜欢教孩子画画,握着孩子的手画成人画。我一再提醒她,不可以教孩子画成人画。因为孩子的手眼协调能力达不到画成人画的要求,如果父母教他画成人画,他画不像,就会备受打击,从而讨厌画画。

可是,这位妈妈知道却总是做不到,总会不由自主地教孩子画画。果不其然,孩子画画一个星期后,一喊画画就发脾气,连笔都扔了。

妈妈实在没有办法就跟我说:"龙老师,我儿子现在一喊画画就发脾气,怎么办啊?看别的孩子都那么喜欢画画,而且画里的故事那么丰富多彩!我真的好焦虑啊!"

"你知道你的孩子为什么会出现这种情况吗?"

"应该如你所说,我教他画成人画,打击了他画画的信心。因为他根本就画不好。其实,我也知道不应该教他画成人画,可我就是忍不住。一看他乱涂乱画,我就想教他画形象一点。"

"你这种行为就跟很多妈妈一样,明明知道应该放手让孩子去做力所能及的事,但就忍不住要帮孩子做。"我补充说。

"对,对,就是这样!我生活中也是这样。明明知道应该让他自己做，可自己就是忍不住帮他做。比如，早上穿衣服这件事吧，看他穿衣服慢悠悠的样子，我就三下五除二帮他穿好了。"

"所以，有一天，当你看到别的孩子都自己穿衣服时，你又想要他自己穿衣服。他一穿不好衣服，就会发脾气。你看到他发脾气时，又气不打一处来，别人都会，为什么你就不会？"

"对，对，现实生活就是这样。他不光穿衣服这件事，其他很多事也是这样，做不好就发脾气。我常常很头疼！"

"孩子做不好事就发脾气其实是一种无力的表现。因为你总是在帮他做，他没有得到锻炼，没有从做这些小事中获得成就感，更没有信心去做事，也无法感受到自己是有一个有用的人。所以，他一做事就着急，一出错就发脾气。最好的办法就是你学会放手，安静地看着他，让他慢慢地去练习。即使做得不好，哪怕只有一点点进步，你也给他肯定。让他从做事的过程中体验成就感，让他相信自己可以做好这件事。做大事需要从小事做起。"

"那我现在怎么办？"

"还是从画画开始吧！我来一步一步指导你，今天不用画笔陪孩子画画，用手指颜料陪孩子画画，可以把孩子手上涂上颜料印在纸上，也可以让孩子的手指沾着颜料点点点，这就是一幅画。"我给她建议道。

没想到，那天晚上开课前，她就发来了孩子的手指画，并且附上文字说，孩子今天玩得特别开心，一边用手点点点，一边说自己画了太阳，画了饼干等。

我当即点评了孩子的画，肯定了孩子的创意之作，又引导她还可以拿吸管来吹画。孩子自己拿吸管来吹画，不一会儿就吹出了一幅又一幅画。

孩子受到了鼓舞，一连创作了很多幅画。妈妈看到孩子那些画，激动得眼泪都快掉下来了。孩子喜欢上画画后，慢慢就开始用笔来画画，表达自己内心的想法。

陪孩子画画这件事，妈妈管住了自己的手。在生活中的其他方面，她也慢慢地管住了自己的手，放手让孩子自己去做。

慢慢地，孩子学会了自己穿衣服、洗衣服，甚至还学会了拖地。

妈妈烦恼一扫光

有人说："从不教孩子独立的父母，是最无知最残忍的。他们就像老鹰不教小鹰飞翔，却在成年后不由分说把它推下悬崖。"

多少父母活成了最残忍的样子却不自知。父母总是把孩子当孩子，总是用行动代替孩子做事的行为，无意中剥夺了孩子尝试做事的机会，孩子自然体会不到做成一件事的成就感，就失去了成长的机会。所以，父母包办并不利于孩子走向独立。

尽管大多数父母都知道这一点，但我们依然是那个不放手的父母。究其原因，首先，我们总觉得孩子还小，不相信孩子有能力完成这件事；其次，习惯使然，我们习惯做事，习惯用行动代替孩子做某件事的行为；然后，我们嫌孩子做不好，结果是越帮越忙，不如自己来得省事；最后，我们的内心不够强大，我们总是担心孩子受伤。正是这三方面原因，导致我们在养育孩子时，无法做到真正放手。

孩子的成长就是不断和母体分离的过程。孩子从脱离母体那一刻开始，他就已经是一个独立个体了，然后不断与父母分离，比如，第一次离开妈妈的怀抱学会爬行、第一次跟跟跄跄走出妈妈的怀抱、第一次离开家去幼儿园……在孩子的成长过程中，他不断用这些行为告诉我们，他开始慢慢走向独立，开始慢慢长大。

只是孩子尝试着离开我们的怀抱，尝试着走向独立，父母却总以爱的名义阻止他去尝试。比如，当孩子想来择菜时，我们总会说"去，去，一边去，弄得到处都是，还不如我自己来得省事"；当孩子想来拖地时，我们总会说"小心摔倒，你去玩吧，妈妈来拖"……在我们一次又一次的拒绝中，孩子慢慢地丧失了做事的动力。

结果，等孩子长到我们以为他可以做事的年龄时，孩子却不如我们所愿，不是不愿做事，就是一做不好就乱发脾气。

父母这时看不到孩子发脾气背后的内心需求，不是痛定思痛，反思自己的教育方式，而是责备孩子什么都不会，还乱发脾气。除此以外，还满怀焦虑，焦虑孩子长大了什么事都不会做怎么办。

蒙台梭利曾说："教育首先要引导孩子沿着独立的道路前进。"培养孩子独立自主的能力就要从小事做起。那么父母如何引导一个做不好事就发脾气的孩子自信满满地做事呢？

（1）从简单的小事开始，让孩子做自己力所能及的事

当孩子做不好事就发脾气时，父母就尽量让他从简单的事做起。拿吃饭这件事来说，先让孩子来摆碗筷。等他会摆碗筷后，妈妈再引导他去洗碗。在不断做事的过程，妈妈肯定他的每一次进步，让他从做事的过程中体验成就感，从而感觉自己是一个有用的人。

慢慢地，在安全的范围内，父母就放手让孩子做力所能及的事。凡是孩子能做的，父母都不要替孩子做，让孩子自己来，给孩子锻炼做事的能力。如果孩子跳一跳才能够着，父母除了要给予鼓励以外，还可以提供一些帮助，比如，孩子扭瓶盖扭不开，妈妈可以把瓶盖扭松动，再让孩

子扭。

（2）请孩子帮自己做事，给孩子制造锻炼的机会

在生活中，妈妈可以请孩子多帮自己做事，给孩子制造锻炼的机会，每一个孩子都不会拒绝妈妈的请求。在小龙三岁多时，我就请他帮我做事，我做饭，就请他踩着凳子帮我洗菜。虽然洗不干净，我常常还会悄悄洗一遍。

但是，每次看到孩子洗完菜脸上露出的满足笑容，我就知道我的目的达到了，他从洗菜这件小事中体验到了成就感。

正因为从小引导他做事，所以，7岁的他偶尔会主动给我洗衣服，甚至还会帮我摊鸡蛋饼。吃到孩子摊的饼，那种幸福感无以言表。

（3）给予孩子肯定，激发孩子做事的信心

当孩子做成一件事而高兴得手舞足蹈时，我们要及时给予肯定，比如，孩子主动扫地了，不管扫得干不干净，妈妈都要给孩子肯定，告诉孩子："哇，我说今天的地板怎么不一样了，原来是我家宝贝自己扫地了啊！"父母的肯定能激发孩子做事的信心。当一个孩子相信自己能做好一件事时，他才能真正做好一件事。

孩子在一天天长大，只有孩子不断尝试，不断锻炼，才会越来越独立，越来越能干。小事不小，培养独立的孩子，从培养孩子做一件小事开始。

亲子互动

有一天周六,我早早就醒了,但醒来就一直跟各位妈妈聊工作。一聊聊到了八点,在孩子的催促声中,我匆忙起床,当我来到客厅的餐桌前时,小龙指着桌子上的鸡蛋饼与粥说:

"妈妈,这是爷爷教我摊的鸡蛋饼,专门做给你跟爸爸吃的。这是你的粥,这是爸爸的。"

我看着两碗粥上面放两双筷子,粥上面还放有一块豆干以及那不像鸡蛋饼的鸡蛋饼,竟然激动得眼泪都快掉下来了。我想这就是幸福的感觉吧。

3 要什么就得买什么

——"无条件满足"养出"白眼狼"

妈妈育儿事

"走,我们去超市里买好吃的。"有一天放学后,小龙在回家路上结识了一个小男孩,两个人玩得很尽兴。玩着玩着,那个小男孩就吆喝小龙去前面的超市买东西。

"别去了,我们回家了!"小男孩的妈妈立即阻止道,但小男孩哪里肯听妈妈的,一下子就冲进了超市,选了盒薯片,而小龙也去选了一大块巧克力。

见他们都选好了零食,我便去付款。看小男孩妈妈气呼呼的样子,我就顺便一起付了。在他们两个一起吃东西时,小男孩的妈妈气呼呼地说道:"这孩子真是气死我了,每天放学后都要买点东西,不是买这个,就是买那个,都成习惯了。稍不注意,一天都要花50块钱,不给他买,他就哭,还不让人走,每次都弄得人很难堪。所以,每次放学接他回家时,我都想绕着超市走。"

听到这个妈妈的唠叨,我想起小龙刚上小学时的情况。小龙刚上小学的那段时间里,每天都会去小商店里买零食吃。第一个月考虑到他刚上小学,还没适应小学生活,不想引发他的情绪,我便尽力满足他。

待第二个月时,我就明确规定:"从今天开始,周一到周五买零食,你需要花自己存钱罐里的钱。周末就花爸爸妈妈的钱。"他有些不情愿地答应了。

让我意外的是，从那以后，他虽然很想吃零食，但就不愿花自己的钱买。我也曾开导他说："钱放在那里又不会下崽，你干吗不用？"

他非常固执己见，坚持不花自己的钱，有时候很想吃，就哀求我买，我回答说："妈妈要遵守规则，你有钱为什么不花呢？"

两个月后的一天晚上，他终于买了两根火腿肠，当他把火腿肠塞进我嘴里时，我问他："你怎么舍得用自己的钱买零食了？"

"你中午给我读的那个故事，有很多钱却没有朋友好可怕！"

"所以，你就要学会花钱了，对吧？"我忍不住问道。

"嗯，我要学会买东西和朋友一起分享。"

我把小龙的经验与那位妈妈分享，并建议她给孩子制定一些规则，给孩子零花钱，让孩子花自己的钱。当他发现自己的钱越来越少时，他就会克服自己花钱的欲望。

"不行，我们家孩子从小被宠坏了，从小都是有求必应，他要什么，只要一哭，爷爷奶奶立刻给他买。"

听了她的讲述，我想起网上那个"儿子训斥送快递父亲"的视频，儿子要什么，父亲就得买什么，买安踏不行，还必须是李宁，没有iPhone7，就不认他这个爹，还叫爹跪下。

当一个孩子要什么就得买什么时，一定有人从小对他千依百顺，有求必应。正是对孩子有求必应的溺爱，造就了孩子要什么就得买什么的肆无忌惮。

卢梭在《爱弥儿》中说："你知道用什么办法使你的孩子得到痛苦吗？那就是千依百顺。"因为当父母无条件满足孩子的欲望时，他的欲望

13

将无止境地增加。

世界上有种爱亘古绵长，无私无求，那就是父母之爱。现实生活中，无数父母如绘本《爱心树》里的那棵大树，无私奉献，对孩子总是有求必应，无怨无悔地为子女倾尽毕生财力、精力，完全活成了孩子的"奴隶"。孩子喜欢什么，父母就给他买什么；孩子爱吃什么，父母给他吃什么；孩子爱穿什么，父母就给他穿什么。要钱给钱，要物给物，好像给得越多，就表明父母越爱他。

可是，父母有求必应的溺爱往往造就贪得无厌的孩子，父母的付出仿佛就是对他们天生的亏欠，直接导致孩子消费日益攀高，最后的结局就是父母为他们倾其所有，他们不但不感恩，不奋发图强，还恨不得榨干父母的最后一滴血。

那么如何避免培养出贪得无厌的孩子呢？父母既要学会满足孩子的正常需求，又要学会延迟满足孩子的正常需求，还要温和而坚定地拒绝孩子的过分需求。做到这一点，关键要学会区分孩子的正常需求与过分需求。

（1）及时满足孩子的正常需求

当孩子提出正常需求时，比如，带孩子逛街，到了吃饭的时间，孩子提出要吃饭，那么父母应该尽量满足孩子的正常需求，尽快找一家餐厅让孩子吃饭，而不是挑来挑去，让孩子等得急不可耐。

关于满足孩子正常需求又要视情况而定。5岁前的孩子，父母要及时满足他的正常需求，只有当一个孩子的正常需求被满足时，他才能慢慢懂得克制；5岁后的孩子，孩子的自制力迅速发展，孩子开始能克制自己的欲望。所以，父母可以适当延迟满足孩子的需求，比如，孩子想要一个玩具，我们可以选择在网上购买，让孩子学会等待。

（2）温和而坚定地拒绝孩子的过分需求

培养懂节制的孩子，父母就要学会对孩子的过分需求说"不"。比如，小龙的那个小伙伴每天都要去超市买零食吃，像这样的情况，父母可以明确说"不"，既可以给孩子准备一点吃的，先垫垫肚子，又可以让孩子早点回家，家人为他做餐点。如此一来，既避免孩子养成乱花钱的习惯，又让孩子克制自己想吃零食的欲望。

父母之爱子，则为之计深远。"人心不足，蛇吞象"，培养懂节制的孩子，才能培养"知足常乐"的孩子。

亲子互动

"妈妈，我的玩具什么时候到啊？"有那么一段时间，小龙经常问这样的问题。

在小龙三岁前，我跟小龙出门前约定好，可以买一种家里没有的玩具。为了满足他渴望被满足的内心需求，我选择当场付款，再拿玩具回家。

三岁后，我慢慢地告诉小龙，如果你选择在网上买玩具的话，妈妈可以给你买两种。他答应了，接下来就是漫长的等待。

在他四岁多时，有一次，快递员打电话说准备送他的玩具来，结果天快黑了都没送来。小龙等急了，就拿起我的电话给快递员叔叔打电话说："叔叔，您好，您今天什么时候给我送玩具来啊！"

快递员一听孩子的话，立即送了过来，并且说："孩子都等急了，我再忙也要把这单送完再回家！"

听到快递员的话，心里涌起一股暖意。

4 什么事都不会做
——"满分家长"让男孩"零分"

妈妈育儿事

有一天下午,看了大半天书的我感觉眼睛有些疲倦,便决定收拾一下屋子,缓解不适。谁知我刚开始收拾玩具,儿子小龙就走过来跟我说:"妈妈,我们一起来做家务吧!"

"好啊!"我喜不自胜地回答。于是,我们一起收拾玩具、扫地。不一会儿,我们就扫完了地。接下来就要拖地了,我刚走进卫生间,小龙就说:"妈妈,我要用圆拖把。"

"好!那我们各拖一个地方怎么样?你是拖我们睡觉的房间,还是客厅?"在拿拖把时,我问道。

"我负责拖客厅吧!"

"好!"于是,我们开始了分工合作。很快就拖完了地,我洗了洗手,正准备拿起手机看一下,小龙却跑来拿过我的手机说:"妈妈,我们还没擦桌子呢,还不能玩手机。"

"哦!"我立即放下手机,去厨房找了两块抹布,准备擦桌子。让我没想到的是,小龙擦桌子擦得特别认真,先把茶几擦干净,又去擦电视柜。擦完电视柜,又擦电视。看他擦得认真而又专注的样子,我忍不住拿起手机给他拍照。我一边拍照,一边忍不住问道:"你以后就这样跟你媳妇一起做家务吧？"

"应该是吧！"

"那你媳妇不做呢？"

"她不做，我就做！"

"那你累了呢？"

"我不累啊，你看我做了这么多都不累！"

"比如，你上了班回家，又做了很多家务，实在太累了，怎么办？"我一边跟他对话，一边发朋友圈。

"那就让她跟我一起做！嘿！妈妈，快放下手机，快来跟我一起擦桌子！"听着他的话，我突然觉得自己给自己挖了一个坑，只好悻悻然放下手机，跟他一起擦桌子。

做完家务以后，我拿起手机一看，很多朋友给我点赞、写评论，其中几位微友还评论道："你未来的儿媳妇好幸福！"

"我也很幸福啊，我家基本上是我先生做家务！"我这句回复引来了好些朋友的羡慕。

"哇，真幸福！我老公除了玩游戏，什么也不做。"

"我老公就是油瓶倒了也不会扶一下！"

"我老公更是，一回到家就往沙发上躺，还说我带个孩子都带不好。"

……

看到大家吐槽自己的老公，我不由自主地想起了小时候听的一个笑话：

有一个老妈妈特别爱她儿子，什么事都给儿子做得好好的，让儿子养成了"衣来伸手，饭来张口"的习惯。有一天，老妈妈要去走亲戚，因为路程远，来回需要好几天时间。为了不让儿子饿着，老妈妈特意给儿子做了一张大饼，在中间挖一个洞，挂在儿子脖子上。本以为万事大吉，没想到的是，老妈妈回来时，儿子已经饿死了。

其实，他不是饿死的，而是懒死的。因为他只把自己面前的饼吃了，却连脖子都懒得动一下。虽然这只是个笑话，但也足以令人深思，事实上，这都是"满分家长"造成的。

妈妈烦恼一扫光

哈佛大学曾经做过一项调查研究，得出一项重要结论：爱干家务的孩子和不爱干家务的孩子，成年之后的就业率为15∶1，犯罪率是1∶10。爱干家务的孩子，离婚率低，心理疾病患病率也低。

古语有云："一屋不扫，何以扫天下！"在孩子的成长过程中，与父母一起做家务，不仅能提升孩子的动手技能、认知能力，还能培养孩子的责任感、自信心。可惜，很多"满分家长"习惯事无巨细，把男孩照顾得无微不至，让男孩成长为习惯性依赖的"巨婴"。

在很多家庭，儿子在全家人眼中都是宝贝，在望子成龙思想的促使下，很多"满分家长"经常挂在嘴边的一句话就是"你好好学习就行了，其他事就不用管了"。所以，"满分家长"就全权负责孩子的生活起居，结果就让男孩生活能力"零分"，小时候什么事都没做过，长大后什么事都不会做。

中国"重男轻女"的思想根深蒂固，无数父母把儿子养成了游手好闲的"少爷"，把女儿养成了什么事都要操劳的"保姆""丫鬟"。所以，很多妈妈在回归家庭失去工作以后，就把自己定位成了"保姆"，天天围着老公孩子锅台转，成了"满分家长"，剥夺了儿子锻炼的机会，而无论老公还是儿子都"零分"，家庭工作分配就这样周而复始地进行着，一家人都怨声载道。

其实，父母不需要追求做"满分家长"，努力成为"合格家长"就好，适当"懒"一点，让自己轻松一点，也给孩子更多的成长机会。

(1) 放手让孩子做，不轻易阻止

在做家务这件事上，不管什么时候，我都把握一个原则：无论孩子想做什么，我绝不阻止。只要他想帮忙，我都欣喜接受他的帮助，即使越帮越忙，也从不阻止。比如，我拖地，他也要拖地的话，我就给他一把拖把。记得儿子小龙还不到一岁时，扶着桌子的腿，都能挥舞着拖把拖地；我洗衣服，他也要洗的情况下，我就给他一个小盆，放上水，打上洗衣皂，让他自己洗小袜子或者小内裤……通过做这些事，小龙慢慢感觉到了成就感与价值感。所以，他对做家务一直很感兴趣。

(2) 不指责孩子，多鼓励

在孩子尝试着做家务的过程中，他并不能做好，而且常常会越帮越忙。在这种情况下，很多妈妈总会说："快过去玩去，你越帮越忙，还不如不帮忙。"然后把孩子支去看动画片，或者玩手机。其实，做家务是为了锻炼孩子的动手能力，如果父母觉得孩子越帮越忙，往往会剥夺孩子获得锻炼的机会。所以，为了保护小龙的自信心，每次在小龙做完家务后，我都会偷偷再做一次，从不指责他，并夸他"洗得真干净""做得真好"。在我的耐心引导下，每当我们做家务时，他总会积极加入。

所以，当孩子什么事都不会做时，父母要反思自己是不是包办太多？想让孩子"满分""高分"，父母就要适当"懒一点"，做一个"60分家长"，及格就好。

亲子互动：练习做"60分家长"

"宝贝，妈妈提不动了，你能帮帮妈妈吗？"每次去超市拎水果、蔬菜回家时，我总会这样央求小龙。

"好啊！妈妈！"说完，他就从我的手里抱一个苹果或者一个茄子回家。

因为从小有这样的锻炼，小龙不仅努力帮我分担，还懂得想办法来解决拿不动的问题。有一次搬家，需要拿很重的东西上楼，小龙先过来伸手帮我抬，但无济于事。没想到，他松开手转身朝楼上跑去，边跑边喊："爸爸，快来帮忙啊，妈妈拿不动。"

听到他的喊声，我欣慰地笑了，原来小小的人儿已经懂得搬救兵了。

5 做事唯唯诺诺不敢反驳
——"虎妈猫爸"让男儿气概尽失

妈妈育儿事

在一次家庭教育沙龙中，几位妈妈一起探讨孩子教育问题，有一位妈妈哽咽着说："龙老师，我8岁的儿子其实特别暖心。在我生气时，他有时会给我写封'我不再惹妈妈生气''妈妈，我爱你'之类的信，有时还会跑去厨房给我倒杯水，端给我喝；有时甚至还会给我打洗脚水。他什么都好，可是，就是没什么主见，什么事都不会主动去做，叫他做个什么事，他总是一副唯唯诺诺的样子。既不反驳，也不去做，非得等我生气了，才会乖乖地去做。他也不是不会做，就是要等我发一通脾气，他就一下做好了。"

听到她的提问，我一针见血地回答道："如果你的孩子在你生病时或者在平常这样照顾你，我一定会给你竖大拇指。这充分说明你养出了一个有孝心有爱心有感恩心的优秀儿子。可是，你儿子却是在你生气时为你做这些，这只能说明他特别害怕你生气，你是不是经常生气呢？"

"是，我脾气不好，动不动就发脾气，我也不想发脾气，但就是控制不住自己。有时候看到他们父子俩做事唯唯诺诺的样子就气不打一处来。让他们做点事，简直比登天还难，我感冒了，老公就像眼瞎了一般，结果还是我自己拖着生病的身体去洗碗了。"她的话题一下子从儿子引申到了老公身上。

听到她的回答，我明白了这是一个典型的"虎妈猫爸"的家庭，妈妈强势，爸爸弱势。整个家庭都是以妈妈的意志为主，爸爸与儿子没有得到应有的尊重，基本上没有话语权。没有话语权的两个男人对家庭也没有产生强烈的责任感。

我于是回答："亲爱的，咱们可以谦和地告诉老公或者儿子：'我今天特别不舒服，你洗洗碗好吗？'你这样跟他们说，他们一定会让你好好休息的。"

"我倒没这样说过。"

"别小看这句话，这句话既代表着你对他们的尊重，又代表着你懂得示弱。咱们身为女人要学会尊重男人，还要学会向男人示弱。无论老公，还是儿子，当我们'弱'时，他们就强了，自己就会开动脑筋做事。

"男人终其一生都在证明'我能行'。无论面对老公，还是儿子，我们女人学会尊重、示弱，给他们证明自己能行的机会。他们在不断证明自己越来越行时，做事就越做越有主见，越做越有干劲，也会越做越好，从而对家庭产生强烈的责任感。这时，咱们女人就轻松多了。"我最后总结说。

妈妈烦恼一扫光

有一句话说："女子本弱，为母则刚。"在孩子出生的那一刻，妈妈就会迫使自己变强，只有变强，才能更好地保护孩子。在对女性要求越来越高的今天，妈妈有这样的想法无可厚非。

可是，人是环境的产物，很多妈妈在不断变强的过程中，形成了非常强势的性格，说一不二，在控制欲的促使下，她们不仅削弱了丈夫的权威，还剪断了儿子飞翔的翅膀，导致儿子做事唯唯诺诺，不敢反驳。

所以，我们从一个男人唯唯诺诺的行事风格中可以揣测出他有一个强势的妈妈，一个软弱的爸爸，这就是所谓的"虎妈猫爸"。因为一个家庭要维持平衡，夫妻一方强，另一方就必然弱。当妈妈强势时，爸爸就会弱势一点。否则，水火不相容，只有离婚一条路可走。

在"虎妈猫爸"的家庭中，"虎妈"总想用强大的气势来让儿子听话，以便于自己掌控全局。可是，养育孩子是一个生命撼动另一个生命成长的过程，并不是用强大的气势河东狮吼几声就可以做到的，但强势妈妈往往喜欢这样做。如果一个男孩从小被妈妈的气势所震慑，长大后，大多性格懦弱，外强中干，缺乏独立判断的决策力，做事唯唯诺诺，没有反抗的勇气。因为无能，甚至会把对强势妈妈的满腔怒火发泄到其他人身上；如果一个女孩从小耳濡目染，认同强悍的妈妈，那么就容易养成霸道的性格。所谓"一个强势的妈妈必然养出懦弱的儿子、霸道的女儿来"，讲的就是这个道理。

而"猫爸"遇到问题就躲，能不发言就不发言，能不管就尽量不管，像极了电视剧《都挺好》里的苏大强。这样的爸爸给男孩竖立了一个唯唯诺诺的形象，所以，很多男孩从小耳濡目染，潜意识里就认同了"猫爸"的形象，无意识中就活成了"猫爸"的样子。

因此，我选择做一个温和而又坚定的妈妈。无论是对孩子，还是对先生，我更愿意用心来倾听他们的想法，不管他们是对的还是错的，我都努力尊重他们的想法，鼓励他们按照自己的想法去做。即使做错了，我也选择适时指出他们的错误，再一起寻找正确的做法。因为我深深地感受到了一个强势妈妈带给孩子的危害。

（1）容易影响孩子的性格

一个强势的妈妈必然养出懦弱的儿子、霸道的女儿来。这句话讲的就是强势妈妈对孩子性格的影响。对儿子来说，妈妈本身代表着阴柔之美，而儿子却代表着阳刚之气。当妈妈的阴柔之美转变成强势能量了，自然而然就压抑了儿子的阳刚之气。当妈妈在家里说一不二时，爸爸的男人气魄自然而然就弱了下去，并丧失了家庭权威与地位，形成了"虎妈猫爸"的局面。

儿子与父亲是同性，父亲是他最直接的模仿对象，在"虎猫猫爸"的家庭中，儿子潜移默化中感染了父亲那份懦弱，甚至会认为男人天性就怕女人。所以，妈妈越强势，儿子就越懦弱。对女儿来说，在她出生的那一刻开始，妈妈就成了她最直接的模仿对象，当她看到妈妈气势汹汹地对待爸爸时，无意识中就认同了妈妈这种做法，认为女人就应该这么霸道，从而养成了霸道的性格。真是"妈妈越强势，女儿就越霸道"。

（2）容易让孩子丧失自主能力

强势妈妈一般都具有外表强势、内心脆弱、做事雷厉风行、控制欲强的特点，总想让孩子按照自己的意愿行事，常独自决定家里的大小事情，也常常替孩子做决定。从小就没有得到尊重，没有学会做决定的儿子，慢慢便习惯了听从妈妈的指挥、安排，自然而然就丧失了自我和主见。

（3）容易让孩子丧失独立能力

强势妈妈因为控制欲强，很难做到放手让孩子独立处理问题。在孩子成长的过程中，她们很喜欢包办。在孩子遇到问题时，她们立即去帮孩子解决。孩子因为从小没有得到锻炼，便缺乏独立生活的能力与独立面对问题、解决问题的能力。很多男孩即使长大了，一遇到问题就退回到"儿童时期"，希望妈妈来帮自己解决问题。

妈妈对孩子最好的爱就是用母性的温柔去丰富孩子的心灵，激发他的情感发展，而不是处处压迫孩子，让孩子按照自己的意愿生活。

强势并不等于强大，很多妈妈虽然在职场中独当一面，雷厉风行，在家里却露出自己温柔的那一面，总能与家人和睦相处。所以，妈妈不要外表强势，而要内心强大，温柔而坚定地守护儿子成长。

而爸爸也请活成"男人"的样子，担起自己应该承担的责任。在一个家庭中，只有当爸爸能为妻儿遮风挡雨时，妻子与孩子才能安心做他们自己。

亲子互动

"妈妈今天头有点晕，想要睡会儿觉，你自己玩一会，好吗？"在小龙三岁多的一天，我有点感冒，不打算硬扛到爸爸回来，于是便这样对小龙说。

征得小龙的同意，我便昏沉沉地睡着了。不知道睡了多长时间，迷迷糊糊中，听到小龙爬到我床上来，摸了摸我额头，自言自语地说："哎呀，妈妈发烧了！"

刚说完，一股凉凉的感觉从我的额头传来，紧接着，几点冰凉的水滴在了我的脸上。我睁开眼来，才发现小龙拿着擦桌子的抹布给我敷额头。那时，真的感觉哭笑不得。

6 受了欺负就哭

——"直升机父母"让男孩成"逃兵"

妈妈育儿事

"你儿子今天一看到我,就哇的一声哭出来了!"那天放学,我一接起电话,爸爸就在电话里说道。

"他为什么哭啊?"我赶紧问道。

"我也不知道,老师说他今天上画画课都很不高兴。"听完爸爸的话,我心里直打鼓。孩子从上幼儿园到现在,除了刚入学大哭了一场以外,其他时间都没在学校里哭过,今天是遇到什么事,竟然让他这么委屈?

坐在电脑前的我已无心工作,各种猜测开始在我的脑子里浮现,是跟同学闹矛盾了?还是最近学习压力大得承受不住了?

就在我坐立难安时,"咚咚"的敲门声响了。我赶紧跑去打开门,一看到小龙,我来不及给他脱外套,就抱住他问道:"今天发生什么事了吗?你怎么哭了?"

"有一个小朋友拿走了我的橡皮,他不还给我,我觉得特别委屈。"说这话时,他又红了眼眶。

听到他这话,我心里那块悬着的石头总算落了地,笑着问:"就为这事啊?"本来还想说,"不就一个橡皮吗?就当送给他好了!"但我知道

第一章
读懂男孩的行为状态，重新认识男孩

对孩子来说，凡是他喜欢的东西对他来说，那都是无价之宝。

"嗯！"

"那你有告诉老师吗？"

"没有！"

"那你打算怎么处理呢？"小龙默不作声，不再回应。

"你确定是那个小朋友拿了你的橡皮吗？"我又问道。

"确定！他还拿别的小朋友的文具。"小龙说这句话时，一脸的无奈。

听到他这句话，我大概了解了事情的来龙去脉，也知道这件事可大可小。从小的方面来说，同学之间有这么点矛盾，那根本就不叫事，小龙之所以这么委屈，那是因为他在幼儿园过得特别快乐，没有遇到过这样的情况；从大的方面来说，这个孩子是用"骚扰"的方式去吸引同学的注意力，那么有第一次，就有可能有第二次，甚至第三次，以至于无数次，那他以后可能有更多哭的时候。换句话说，校园凌霸可能由此开始。

那天晚上，我的大脑迅速运转着，一直思考着怎么引导他来解决这件事。没想到，第二天中午，小龙刚回到家，就迫不及待地跟我说：

"妈妈，妈妈，那个小朋友把橡皮还给我了。"

我大感意外，赶紧问道："你用什么办法让他还给你的？"

"我今天上午跟他说，我把橡皮借给你玩四天，四天后你必须还给我，否则，我就告诉老师。结果，第二节课下课后，他就主动把橡皮还给我了。"

我情不自禁地给了他一个大拇指，表扬道："好样的，有方法，有底线，不费吹灰之力就解决了一个难题。放在军事上，那就叫不费一兵一卒就攻下了一座城池。

27

妈妈烦恼一扫光

也是在那个时刻，我突然深深地感受到"你永远不能教给孩子什么，你唯一能做的就是放手，让孩子自己去练习如何解决问题"。很庆幸自己做到了。

我曾在《孩子，你是最好的自己》这本书里写道："当孩子进入幼儿园以后，幼儿园就是一个'小社会'。在这个陌生的'小社会'中，孩子离开了妈妈，就要掌握自我生存能力，既要获得老师的喜爱，又要努力与小朋友友好交往。那么如何与小朋友进行交往，学会处理与小朋友间的矛盾，就是孩子应该掌握的一项能力。可以说，孩子越早掌握这项能力，在学校里被欺负的可能性就越小。相反，如果孩子一直都不能掌握这项能力，那么他很可能就成了被欺负的对象。"

是的，如果孩子从小不练习处理与小朋友之间的矛盾，那么当他进入小学或者初高中时，面对一些同学的故意挑衅，他只会选择默默承受，不会选择反抗，更不会想办法去解决问题。"校园凌霸"不是对方太强，而是自己太弱。

可见，问题本身并不是问题，不去解决问题才会成为真正的问题，而解决问题则需要从小练习。

然而，现在很多"直升机父母"生怕自家孩子受欺负，当孩子被别的孩子打了、抓了或者咬了时，他们第一时间为孩子打抱不平，第一时间为孩子解决各种问题，以为那样就是爱孩子，就是为孩子好。殊不知，这看似为孩子好，实际上却害了孩子，剥脱了孩子练习解决问题的机会。因为孩子从没真正去解决问题，当问题出现时，他就成了"逃兵"，总觉得父母会为自己解决，自己从不开动脑筋去解决问题。

第一章
读懂男孩的行为状态，重新认识男孩

曾经有一个家长向我咨询孩子不愿去上幼儿园的问题。我问其原因，她才讲了孩子最近发生的一件事：

"在两个星期前，我家孩子被班上一个小朋友抓了鼻梁，并且被抓出了一点伤痕。我得知消息后，特别生气，第一时间找幼儿园园长、老师、对方家长理论。

"刚开始，她们还尝试协调此事，但后来就慢慢不理我了，对方家长开始还赔赔笑脸，后来也没个信了。孩子现在特别害怕去幼儿园，甚至也不愿去其他幼儿园，我特别生气，我决定起诉这家幼儿园。"

看到她这一段文字，我问道："你送孩子上幼儿园是为了什么？"

"学习啊，但不是受欺负。"

"那孩子现在都害怕去幼儿园了，还能学习吗？我想跟你说的是，孩子之间发生小摩擦其实是孩子学习解决问题的最好时机，很不幸，你活成了'直升机父母'的样子，因为孩子受了一点皮外伤而心疼孩子，结果不仅剥脱了孩子处理问题的机会，还导致孩子不敢去幼儿园。"

"难道自家孩子被伤成这样，我就任由人家欺负吗？你家孩子有这样被欺负过吗？当你看到你家孩子哇哇大哭时，你心里是什么感受？"

"没那么严重，上幼儿园的孩子还不存在谁欺负谁，都只是在练习如何更好地与他人相处。因为他们力量均衡，谁也伤不了谁，即使受伤了也不过是皮外伤。相反，父母大肆渲染，孩子才会觉得自己受了欺负，才会因此感到害怕。"

跟这位妈妈交流完后，我不由得想起漫画《父与子》中有一篇关于孩子打架的事。两个孩子打架，两个父亲愤愤不平，互相打了起来。在他们打得正火热时，两个孩子却在一旁又玩起来了。

其实，孩子的人生道路总要自己去走，父母"授人以鱼不如授人以渔"。

所以，面对孩子之间出现的矛盾，父母应该做的是关注，而不是过多干涉。

我很庆幸自己早早意识到这一点，拒绝做"直升机"父母，在他遇到问题时，我更喜欢默默观察，适当给予引导。所以，在小龙与小朋友发生矛盾时，我一直都是那个静观其变的妈妈。正因为我的静观其变给了他面对并解决问题的练习机会，他才掌握了解决问题的核心，学会了以不变应万变。上小学后，他才有去解决问题的底气与方法。

亲子互动

"妈妈，你想吃羊肉串不？"那天晚上，我跟先生带着小龙出去散步，路过一家饭店时，小龙突然问道。

"你要请妈妈吃羊肉串啊？"我没有正面回答，而是反问道。

"对啊！"小龙说完就牵着我的手走进了那家餐厅。

一走进餐厅，我就坐在了一张桌子旁，忙着回复信息，没有管小龙。没想到，小龙自己走向工作人员轻声说道："阿姨，我要点菜，有菜单吗？"

工作人员拿了一个菜单给他，他又去拿了便签纸走过来问："妈妈，你想吃什么？"

"你自己看着点！"我微笑着回答说。

"那我们就来10串羊肉串，20串牛肉串。"小龙一边说，一边在便签纸上歪歪扭扭地写了起来，又问道："妈妈，你还想吃什么？"

"再来一串面筋吧！"我笑着回答。

小龙写上面筋后，又给自己来了一瓶汽水。看着他有模有样地完成这一系列动作，幸福的笑容在我的脸上荡漾开来，那种欣慰与自豪无法用言语来表达。

第二章

了解男孩女孩行为差异，发掘男孩天性

Chapter 2

1 课堂上坐不住
——男孩自控力欠缺与高活动力的共同结果

妈妈育儿事

有一天,一位联系了很长时间的妈妈在微信上跟我说:"老师总说我家孩子调皮,总是坐不住。可能因为调皮捣蛋,老师不是很喜欢他,特意把他的画挂到另一个地方,区别对待,早上见到孩子也爱理不理的。"

听到她的描述,我突然觉得小龙他们班上的这群孩子真是太幸福了。同样的活泼好动,同样的调皮捣蛋,虽然也会被老师批评,可是,每天早上老师站在学校门口迎接他们时,总是笑脸相迎,并且还行鞠躬礼,给孩子足够的尊重与爱护。

也许正因为孩子们获得了这样的尊重与爱护,小龙班上的男同学在中班时出奇地遵守规矩。记得有一次去参加幼儿园试听活动,老师把孩子们分为两组,男孩一组,女孩一组,小女孩先去取工作毯,跟着老师练习折叠工作毯,而小男孩再也不像去年那样跑来跑去,而是席地而坐,很专注地看着小女孩们工作。

即使有些小男孩发出声音,老师把手指放在嘴上"嘘"一声,示意小男孩安静,小男孩就立即安静了下来。

看着那几个小男孩,我不禁感慨,要知道去年的他们根本坐不住,更管不住自己的嘴巴,一会儿站起来,一会儿跑向老师,总之,小男孩就喜欢动来动去。然而，时隔一年，男孩们的进步非常大，今年明显能听从老师的指令，能遵守规矩了。

想到这里，我不得不感慨，老师其实和妈妈一样，素养有高有低。既然我们不能改变老师，又不能把孩子直接领回家来教育，那么妈妈又如何来面对孩子好动的这种情况呢？

就在我陷入沉思时，小龙突然跑到我面前来，对我说："妈妈，你看我在幼儿园时是这样的，我小脚并并齐，但我的小脚丫可以这样动来动去。"他一边眉飞色舞地跟我说，一边欢快地动起了五根脚趾头。

看到他这一动作，我扑哧一声笑了出来，说："你在幼儿园就是这样的啊！"

"是啊！妈妈！不过，你千万别告诉老师哦，老师知道了可就麻烦了！"

看着他一脸认真的小模样，我笑着说："好！妈妈答应你，不告诉老师。不过也没事，你的小脚趾头在鞋子里动来动去的，老师又看不见。"

我刚跟小龙交谈完，那位妈妈又发来消息说："我也知道老师不容易，所以，我就经常跟我儿子说，在学校里，要听老师的话，不要动来动去的。"

看到她这则消息，我想起小龙刚才的动作，便跟她说："我觉得你现在不是告诉孩子不要动，而要告诉孩子怎么动。比如，如果孩子忍不住要动，那么小手指、小脚丫可以动；如果孩子忍不住要说话，可以悄悄地在心里默念……"

她立即被我这句话吸引了，连忙问道："怎么说？"

我把小龙刚才跟我的谈话跟她重复了一遍，并说："其实，一个孩子无论是在家里，还是在幼儿园里，他只要有那么一点点自由，只要能掌控那么一小部分的身体（比如手指、脚趾），那么他就会过得很开心，并且表现出一定的自觉来。"她立即向我表示了感谢，说等孩子回来以后，跟他说说。

妈妈烦恼一扫光

跟她结束谈话以后，我开始思考一个问题，很多家长都反映自己的孩子在幼儿园好动，不遵守规矩。他们都想要最直接的答案：怎么才能让孩子不动，专心听讲？却从来没有站在孩子的立场去理解过孩子。

孩子三岁进入幼儿园，那时他只能保持专注5~10分钟，孩子四岁才迎来自控力发展的关键期，在这一年中，孩子也在努力约束自己的行为，只是还没有足够的能力去约束自己而已。

可是，无论老师，还是家长，都没有去理解孩子这个时期的身心发展特点，只是一味地要求孩子别动，听老师的话，专心听课，给孩子一个大大的指令。孩子达不到要求，父母与家长都一起给孩子贴上"好动"的标签，让孩子也以为自己没法控制自己的行为，是不是患了"多动症"。尤其是男孩。

很多家长甚至拿男孩跟女孩比较：为什么女孩就能安安静静地坐在那里，认真听课，而男孩却总是坐不住？

男孩与女孩有着天然的不同，坐不住真的不是他们的错。他们自控力欠缺，还有一个原因是受到了性别差异的影响。

男孩天生好动，最突出的表现就是"高活动力"，在整个儿童时期，男孩都比女孩好动，保持着高频率的活动，往往坐不住，动来动去。

其实，无论老师，还是家长，面对男孩"坐不住"这一情况，除了要去了解男孩这个时期的身心发展特点以外，还要去想用什么样的方法来帮助孩子约束他的行为，而不是强制性地让他不动。

小龙一直被老师夸奖，从上幼儿园起，就比其他孩子更遵守课堂纪律，虽然玩的时候疯玩，但在课堂上很遵守纪律，从不去打扰别人。

现在回过头来想想，这与我的教育不无关系，我一直都站在他的角度为他考虑，从来没有跟他说"不能动"的话。记得刚上幼儿园的第一周，小龙就一脸沮丧地告诉我："妈妈，我中午不想睡午觉。"

听到他这句话，我的第一反应就是，中午不睡觉，下午怎么有精神上课呢？而且别的小朋友都睡觉，你怎么能不睡觉呢？

但我想了想，觉得不能这么说，于是换了一种方式跟他说："中午睡不着，感觉很难受，是吧？睡不着就不睡。不过，你可以躺在你的小床上，自己玩自己的，不能打扰别的小朋友睡午觉。"

我这样的说法得到了他的认可，他让我去跟老师说一声。那天早上送他到幼儿园后，我特意跟老师说了这件事，并说："他可能玩着玩着，自己就睡着了。"经过一番沟通，我的请求获得了老师的同意。

果不其然，老师后来反映说他每天中午其实都睡觉，只是要自己先玩一会儿，玩着玩着就自己睡着了。

现在回想起来，我真的很感谢自己当时的做法，不仅给了孩子理解，还替他争取了一点自己掌控的自由。可能正是因为这一点点自由，他才成为那个"动中有静、静中有动"的男孩，既让老师省心，又让我这个妈妈省心。

那么我们如何顺应孩子的性别差异进行因势利导，帮助男孩释放他们的高活动力，从而增强他们的自控力呢？

（1）课堂上不教男孩不动，而教男孩怎么动

男孩天生好动，但现在无论是幼儿园还是小学，很多老师都要求男孩坐得端端正正的。我们改变不了外部环境，那就学会夹缝中求生存，引导孩子在遵守课堂规则的情况下，尊重自己的天性，适当动一动。

当男孩获得那么一点点自由时，他就能感觉到自己的力量，从而尝试着去管理自己的行为，慢慢就提升了自控力，而不是一直处于跟规则对抗的状态。

（2）增强户外活动，唤醒男孩的"野性"

人类经过几千年的演化，虽然被社会文明驯化成了社会人，但每一个男孩身体里都有一颗雄性种子，保留了原始人常年在外摸爬滚打的野性。尤其对于幼儿阶段的男孩来说，这种野性尤为明显。所以，父母应该给孩子提供一个开放的空间，让他在大自然里自由自在地奔跑、攀爬，从而体验自己的力量与"野性"。

（3）多跟男孩打闹，释放他的高活动力

每一个男孩都喜欢跟爸爸打闹，在打闹的过程中，不仅释放了自己的高活动力，还能慢慢地学会控制自己的力量，控制自己的行为，从而提升自控力。

当一个男孩在其他场合释放了高活动力，在课堂上就更容易安静下来，更能专注地听课。

第二章 了解男孩女孩行为差异，发掘男孩天性

亲子互动：木头人

在家里划定一个起点，一个终点。爸爸闭眼，喊口令："我们都是木头人，不许说话不许动，不许走路不许笑！"我跟小龙迅速跑动。

爸爸口令完毕，睁开眼睛，检查我跟小龙是否保持静止状态，无论本来是什么姿势，都必须保持不动。

一般情况下，小龙能保持静止状态，但如果爸爸做出一些搞笑的动作时，小龙就忍不住哈哈大笑。所以，他就成了下一个闭眼喊口令的人。

虽然无论他做什么动作，我们都能忍住不吭声，但为了配合他玩，有时候也假装败下阵来，让游戏持续下去。

2 争强好胜
——中心脑组织激发男孩的竞争意识

妈妈育儿事

我曾经带小龙去公园玩,遇见了这样一个小男孩。小男孩大约6岁,长得虎头虎脑的,当时正跟他爸爸比赛骑单车。

最开始都是小男孩一路领先,但骑着骑着,爸爸就超过了小男孩。看到爸爸超过了自己,小男孩着急了,使劲踩着脚踏板,企图赶上并超过爸爸。不料,踩得过急,一不小心,小男孩摔倒在地,并哇哇大哭了起来。

爸爸回头一看,赶紧骑了回来,见小男孩并没有受伤,便站在那里鼓励小男孩自己站起来。

小男孩爬了起来,却向爸爸大发脾气:"你不许骑那么快,你不许骑那么快!"

妈妈见到这一幕,走了过来,见儿子大发脾气,自己也生起气来,对着儿子大声说道:"爸爸骑爸爸的,你骑你自己的,你怎么还管上爸爸了!"

爸爸见妻子情绪有点激动,赶忙打圆场说:"别跟孩子一般见识!爸爸骑慢点,好不好?"

孩子用手擦了擦眼泪,正准备骑车时,妈妈又说道:"你就惯着他,你可以让着他,那其他人能让着他吗?要是参加比赛输了,是不是也要躺在地上打滚啊？"

爸爸一时语塞，妈妈又噼里啪啦地说道："男子汉输得起才能赢得起，你发什么脾气呢？"说完给小男孩擦了擦眼泪，并扶着小男孩骑上了单车。

然而小男孩好像再也没有之前的劲头，在妈妈的帮扶下，无精打采地骑着自行车。

看着小男孩气馁的模样，我不由自主地想起了小龙的种种表现，大约是4岁以后，他也变得喜欢争强好胜，下棋输了哭，小朋友走他前面了也哭，跟爸爸比赛跑步跑输了还是哭……总之，赢了就高兴，输了就哭，整个就是一输不起的孩子。

奶奶为此经常说："这孩子以后长大了没多大出息，一点都输不起！"

每次听到这样的话，我都特别不高兴，但我更知道想赢是人的天性，接受输需要一个过程。所以，我们要尽量顺从孩子的心理，他既然想赢，那我们就给他创造赢的条件。我们一家三口经常玩一些竞争游戏，一起骑单车，看谁最先到达终点，他往往是第一个到达。我跟先生就是这样尽量让他多赢。

随着孩子年龄的增长，他慢慢也接受了"输"这个概念。就在前段时间，幼儿园举行打鼓练习，小龙被选去试鼓，但没被选上。

那天回到家以后，小龙主动跟我说："妈妈，幼儿园今天挑选打鼓的鼓手，我没被选上。"

"那你是不是很难过？"我赶紧问道。

"不难过，因为我对音调不是很熟悉，我多熟悉一下，以后还有机会的。"

听到他这句话，我忐忑不安的一颗心总算放了下来。果然，第二次再试打鼓时，他就被选上了。

妈妈烦恼一扫光

与女孩相比，男孩特别争强好胜，他们喜欢比赛，喜欢与别人竞争，如果输了，他们还会发脾气，甚至大哭大闹。

很多家长与老师都喜欢把男孩的争强好胜误认为逞能、输不起，并用成人的标准去要求男孩，"示弱而不逞强，示拙而不逞能"，输得起的孩子将来才赢得起。所以，很多家长与老师都会用言语或者行为去遏制男孩们蕴藏在心底的争强好胜。

可以说，喜欢争强好胜是男孩的天性，这跟男孩的大脑发育有关，因为男孩大脑内拥有激发其冲动、争强好胜、好斗的中心脑组织。而大多数女孩子则比较安静，不仅因为她们大脑发育比男孩早，而且女孩大脑中负责语言、静坐、倾听、语调等区域的神经比较发达，让女孩更容易理解他人的感觉，能更好地用语言表达自己，更富有同情心。

所以，男孩女孩天生不一样，父母万万不能用女孩的标准来要求男孩。从人类演变的历程来看，男人天生是狩猎动物，他们往往通过武力竞争，为自己、为家人获得食物。所以，男孩天生喜欢争强好胜。

很不幸的是，我们大多数家长把男孩的争强好胜误认为是在逞能，把男孩之间展开的竞争当作对抗，甚至把男孩获胜后的喜悦看成是在炫耀。

男孩争强好胜的行为不被认可、不被理解，就会导致男孩自相矛盾，既想遵从自己的天性，又想获得别人的认可，于是，在自我与外界之间苦苦挣扎。

争强好胜是男孩的天性，我们在养育男孩时应该顺应男孩的天性，只有这样，我们才能真正培养出"胜不骄，败不馁"的男子汉。

(1) 允许男孩争强好胜

当男孩表现出争强好胜的行为时，父母不应阻止或者劝说他不要这样，也不用讲大道理，只需要蹲下来，看着男孩的眼睛说："想赢是很正常的心理，爸爸小时候也这样，输了也会哭鼻子。不过，后来长大了就懂得了，'输得起才赢得起'！"

父母认可男孩争强好胜的心理，孩子才能认可自己，而不是一味地压制这种心理的发展。

(2) 满足男孩想赢的心理

认可男孩争强好胜的心理以后，父母还可以在玩的过程中给孩子创造赢的条件，比如，一家人下棋，尽量让孩子多赢，满足孩子想赢的心理。当一个孩子内心注入赢的概念时，他将来遭遇失败，才有东山再起的魄力。

(3) 不随便给男孩贴"输不起"的标签

很多人都像小龙奶奶那样，认为输不起的孩子没什么出息，因为很多人往往因为输不起就一蹶不振，所以，一看到孩子输不起就着急上火。

其实，输赢乃常事，世界上没有常胜将军，父母引导男孩正确认知"输赢"才是最关键的，而不是随便给男孩贴上"输不起"的标签。当你认定他"输不起"时，他可能真的会成为那个"输不起"的男孩。

（4）慢慢让男孩接纳输的概念

在满足男孩想赢的游戏中，父母偶尔让男孩输一次，体验一下输的感觉，并用平常心看待输赢。当一个男孩想赢的心理获得满足以后，他就能接纳一两次输的经历。

与此同时，父母还可以陪孩子读有关输赢的绘本，比如，《输不起的莎莉》，让孩子通过画面与文字去理解总想赢可能带来的后果。

（5）引导男孩探寻输的意义

当孩子在输了时，父母应以平常心引导孩子去分析输的原因，并从中总结经验教训，明白下次怎么取胜。

这才是父母最应该带给孩子的认知，而不是一味地要求男孩"输得起"。

亲子互动：赛跑

"爸爸，你走那条路，我跟妈妈走这条路，我们看谁先到达门口。"每天早上，我跟小龙爸爸一起送他上学时，小龙都会跟爸爸赛跑。

大多数时候，爸爸都会故意输给小龙。时间长了后，小龙真的觉得爸爸跑不过他。所以，这时，爸爸又得给他上一课，特意赢一场，让小龙有自知之明。

刚开始时，小龙很难接受自己跑不过爸爸的事实，但慢慢地他开始意识到自己跟爸爸的差距，偶尔输了，也能接受。

3 "我是奥特曼"
——身份确认敏感期赋予男孩保护世界的责任

> **妈妈育儿事**

周末,我跟先生带着小龙去北京农展馆的玩博会玩。那里人潮涌动,大人小孩摩肩接踵,各大厂家的玩具琳琅满目,令人眼花缭乱,厂家的吆喝声、叫卖声,孩子的哭闹声、嬉笑声,父母的呵斥声以及广播的提示声,不断回荡在耳边,好不热闹。

一走进馆里,我便引导小龙去体验各式各样的玩具,积木啦、机器人啦、遥控汽车啦等等,没想到,小龙对这些都不感兴趣,大叫道:"我要奥特曼,我要奥特曼。"

无奈,我只好对先生说:"你把他顶起来吧,我们先去找奥特曼。"

站得高,看得远!果然,不一会儿,小龙就看到了奥特曼的展会。见到各种各样的奥特曼与怪兽,小龙两眼放光,激动地穿梭在人群中,很快就找到了一套奥特曼与怪兽的玩具,喜滋滋地递给爸爸看。那是一套很小的奥特曼与怪兽,爸爸问服务员价格,这么小的一套却要花89元。爸爸有点不高兴地说道:"这个太不划算了,爸爸去给你买更好玩的。"

"不要,我就要这个奥特曼与怪兽!"

爸爸觉得小龙有些任性,更加生气了!把小龙扔给我,自己跑去找其他玩具。他转了一圈以后，兴奋地说："那边那个遥控汽车可好了，既能变身，又送其他好多小车车。"说完后，又回过头对我说："限时秒杀200元一套。"

"我不要，我就要奥特曼与怪兽。"看到这对父子，我有些哭笑不得。爸爸见此，便请服务员开了单子，拿着单子对小龙说："我们先去看看别的玩具，这个奥特曼要下午三点才能买。"

小龙信以为真，我们便来到了遥控汽车的秒杀现场。那里人潮涌动，家长们都挥舞着手中的钞票，大声说："给我来一套，给我来一套！"

爸爸挤进人群中，挤了好一会儿，终于拎着一个大家伙，汗流浃背地走了过来。豆大的汗珠从爸爸的额头直往下淌，本以为小龙会很兴奋，谁知他看都没看一眼，眼睛一直盯着旁边大屏幕里的动画片看。

看到爸爸这辛苦的模样，我笑着讲起了小龙幼儿园举办"六一"义卖活动的一件事。"小龙他们卖东西那天，瑞瑞哥哥也搬来了一个大家伙——魔幻陀螺，比你这个还长。那个玩具最起码得值200块钱，但是出乎意料的是，瑞瑞哥哥10块钱就把它卖掉了。我当时还自言自语地说早知道这么便宜，我买来送人也好呀！瑞瑞爸爸却问道：'你喜欢那个玩具吗？'

瑞瑞哥哥回答：'不喜欢！'

瑞瑞爸爸说：'不喜欢卖多少钱都行。你喜欢的就是无价之宝，千金难买；你不喜欢，它就一文不值，留下来还占地方。'"

我的话讲到这里，先生恍然大悟，当即决定给小龙买那套并不划算的奥特曼。

买到以后，小龙立即从包装盒里拿出来玩，即使在玩邦宝积木时，他也要奥特曼参与进来，要给奥特曼做一个家。

回到家以后，小龙一直玩奥特曼与怪兽。晚上睡觉时，也要抱着奥特曼睡，第二天早上一睁开眼睛，就玩起了怪兽。一个人自言自语地躺在床上玩，也不打扰我们睡觉。

当我把小龙抱着奥特曼睡觉这件事告诉先生时，先生说："瑞瑞爸爸说得真对，没想到他这么喜欢。"我笑着说："他现在正处于英雄情结时期，总幻想自己就是奥特曼，想成为英雄，想打败怪兽，保护全世界。虽然只是玩具，但这玩具正好满足了他的内心需求。小龙的要求并不过分，那么多玩具就只选了这么一个，这不就是万里挑一吗？"先生点了点头，表示赞同。

从那以后，小龙对奥特曼的喜爱一发不可收拾，每次看到奥特曼都要买。也曾为这事跟他提出反对意见，说得最多的就是，"家里那么多的奥特曼玩具了，你怎么还买啊？"

终于有一天，小龙说出了真相："妈妈，这些奥特曼看似一样，但他们每个都不一样的，你看这个是奥特之父，这个是雷欧，这个是迪迦，这个是初代……只有这两个迪迦是重复的，其他都不一样。"

经他这么一说，我细细一比较才发现果然如他所说，那一刻我才明白，他在集齐所有奥特曼，而且对每一个奥特曼都有深入的思考，比如，雷欧奥特曼来自哪里，能量有多强，想到这里，一种惭愧的感觉涌上心头。

可能是想更加深入地了解奥特曼，他又要求我给他买奥特曼绘本。每天晚上都要读一本才睡觉。他对奥特曼电影也喜欢不已，每周都要看一部奥特曼电影。

当然，他对奥特曼的所有武器也是爱不释手，连衣服都一定要穿有奥特曼图案的。最喜欢玩的游戏就是披着奥特曼披风，拿着奥特曼武器，戴着奥特曼面具，变身成奥特曼战士，大声宣誓："我是奥特曼。"那样子就像随时为保护世界而做准备。

妈妈烦恼一扫光

很多男孩喜欢奥特曼，喜欢扮演奥特曼，也常常自我宣誓："我是奥特曼。"可惜，很多家长却不理解男孩这一喜好，在家长看来，奥特曼太暴力了，生怕男孩有暴力倾向。所以，他们想尽办法不让男孩接触奥特曼，不允许男孩看奥特曼动画片、电影，不许男孩买奥特曼玩具。即使男孩哭着闹着要买，家长也会以"整天拿着这些玩具打打杀杀的"为由而拒绝购买。

父母哪里知道，当孩子4岁以后，随着自我身份确认，敏感期出现，他们便会对自己进行身份认证，比如，男孩认为自己是奥特曼，女孩则认为自己是艾莎公主。

面对孩子的这一喜好，父母应该更多地尊重孩子的意愿，而不是强硬地压抑孩子内心升起的保护欲。

在小龙痴迷奥特曼的时间里，他一直认为自己是保护世界的奥特曼。我非常理解他的英雄情结，所以，一直都尽力满足他的心愿，只要不是重复的奥特曼，我都会答应他的要求给他买。

通过读奥特曼绘本、看动画片、穿奥特曼衣服、玩奥特曼玩具，他保护世界的英雄情结获得了满足。在刚满6岁时，他突然之间又迷恋上了植物大战僵尸，有关奥特曼的一切都被抛诸脑后。

可见，当男孩痴迷奥特曼时，其实是他内心的英雄情结促使他去保护世界的一种向往。因为上天赋予了所有男孩保护和为他人牺牲的愿望。

每一个男孩心中都住着一个勇敢的男子汉。学者们在考察男性学龄前儿童时，发现他们具有保护领地和财产，富于竞争性和在冲突中无畏地战斗等特质。这种特质让他们总是假想自己像奥特曼那样勇敢。

所以，当男孩打扮成奥特曼的模样，并非常认真地告诉妈妈说他会保护她时，妈妈应该感到欣慰，并为男孩鼓掌，而不仅仅是觉得他很可爱，更不应该担心男孩有暴力倾向。如果男孩有暴力倾向，父母更应该反思自己是不是经常用暴力对待男孩，而不是一味阻止孩子模仿奥特曼。

正因为母亲的过分焦虑，很多男孩从小受到不恰当的教育，丧失了这种天生的保护欲。究其原因，一是因为他们从小就受到父母的打压，二是他们一直被母亲当小男孩保护。在父母"软硬兼施"的管教下，越来越多的男人遇到危险就逃避，却忘记去保护自己爱的人以及更多的人。

所以，对于父母来说，激发男人的保护欲是我们的责任，让他有勇气、有胆量去保护自己爱的人，为正义而战，而不是在邪恶面前丢盔弃甲。

一个男人只有活成他原本的样子，才能真正活出尊严来。所以，面对男孩喜欢奥特曼这件事，父母不应该强烈阻止，而是应该引导孩子为正义、为保护更多的人不受伤害而战。

任何时代都需要正义、英勇无畏、有同情心、真诚的人，所以请父母尊重男孩的英雄情结吧。

亲子互动：奥特曼大战怪兽

小龙经常把奥特曼与怪兽进行分组，奥特曼一组，怪兽一组，分好队以后说："妈妈，你负责怪兽组，我负责奥特曼组。"

说完，就让奥特曼进攻怪兽，说："初代奥特曼在此，即将用斯派修姆光线打败哥莫拉怪兽。"

"哥莫拉怪兽躲在地里去了。哈哈！"我拿出一张纸把哥莫拉怪兽盖住。

"初代奥特曼能量增加了。"

"哥莫拉怪兽被打败了！"

我们就来回用不同的奥特曼打不同的怪兽。在那段他痴迷奥特曼的时期，我们经常玩这样的游戏。

4 喜欢玩枪
——男孩鼓足勇气尝试面对未知危险

妈妈育儿事

在小龙顺利面试、获得小学入学通知书的那天,为了庆祝他顺利入学,我答应给他买一个玩具。我没想到的是,他选了一把近一米长的枪。在这之前,他对枪并不感兴趣,家里大小枪支都有,但他很少玩。那天,他却拿着枪很高兴地玩了起来,一会儿蹲着射击,一会儿躬腰射击等等。

见他玩得如此有兴致,那天回家的路上,我就跟他探讨了一番:

"你拿着枪打谁啊?"

"坏人!"

"那你用枪保护谁?"

"当然是我们一家人了!"

"还有谁呢?"

"好朋友!"

"还有谁?"

"那些哭的人!"

"就是善良但又弱小的人,对吧?"

"对!"

"那假如在你特别生气的时候,你能用枪打人吗?"

"不可以！"

"那现在我们来玩一个警察抓坏人的游戏，怎么样？"

"好啊！"

"假如你现在是警察，有一个坏人绑架了一个小女孩，你现在手上拿着枪，你要怎么救那个小女孩？"

"让他赶紧放了小女孩！"听了他的回答，我情不自禁地想，孩子的世界总是那么简单。

于是，我又问道："可以先警告说：'你现在放了小女孩，法律将'坦白从宽，抗拒从严'。如果坏人不放小女孩，怎么办？"

"那就把小女孩爸妈找来，让她爸妈救她。"

我再一次笑了，继续引导说："可以把犯人的父母找来，如果他很爱他的父母，他看到父母伤心难过就会心软，也许就会放了小女孩。"

"哦！"

"还有什么办法可以救小女孩呢？"

"不知道了！"

"如果警察可以绕到他身后的话，就可以从背后突袭他，从而救下小女孩！"

"对！"

"如果警察想了一切办法都无法解救小女孩，而坏人又随时都可以伤害小女孩的话，警察是可以选择击毙坏人的。"

"什么是击毙？"

"就是一枪打死！"

"最好还是不要打死！"小龙自言自语地说了一句。

妈妈烦恼一扫光

听到他这句自言自语，我不由得想起史蒂夫·比达尔夫的《养育男孩》里的一句话——如果你问孩子："你觉得自己是个拿着枪伤害无辜的坏蛋，还是个保护无辜者不被拿枪的坏蛋伤害的好人？"

他会郑重地告诉你："我是保护无辜者不被拿枪的坏蛋伤害的好人！"

很多家长都觉得男孩玩枪舞棒涉及暴力，生怕孩子长大后招惹是非。记得有一位妈妈分享过这样一则故事：

两个8岁小男孩本来是好朋友，两人喜欢一起玩枪。可是，有一天，他们之间发生了矛盾，其中一个男孩情急之下用枪打了另一个小男孩。结果，一不小心，就把另一个小男孩的牙齿打掉了一颗。两个好朋友就此结了怨，双方父母也变得像仇人一样。

任何事情都有两面性，男孩玩枪这一爱好既可能让他成为英雄，而一旦使用不当，又可能让他误入歧途。很多妈妈都特别担心孩子成为后者，所以，大多禁止男孩舞枪弄棒。

殊不知，枪只是一种武器，家长更应该引导男孩如何正确使用枪来保家卫国，来保护那些需要保护的弱小者，来保护那些需要保护的人。我想这才是人类发明枪的重要意义。

喜欢舞枪弄棒是男孩的天性，自古以来，棒、刀、箭、枪都是男人保家卫国的武器，当国家有难、民族危亡之时，即使前面是刀山火海，也阻止不了勇士们前进的步伐。

所以，男孩天生更喜欢动作性的玩具，比如，车、枪、刀、棍子、变形金刚等玩具，因为这些玩具代表了未知的冒险，需要男孩凭勇气和力量去面对并克服那些危险。

男孩天生具有英雄情结，他们敬佩并渴望成为能击败敌人并且保护无辜者的英雄角色。所以，他们特别喜欢各种各样的枪，借助枪这种玩具来开展游戏，假想自己是某一个英雄人物，并且成功地击败对方。

可见，男孩喜欢玩枪并没有错，父母不应该阻止男孩玩枪，更不应该费尽心思拿走他的玩具枪与宝剑。

要知道，任何时代都需要真诚、正义、无畏和具有同情心的男子汉，如果每一个男人在正义面前怯弱，在大是大非面前败下阵来，那么我们的未来又在哪里？

所以，当男孩喜欢玩枪时，父母应该跟男孩认真探讨枪的正确用途，而不应该想当然地认为男孩玩枪就会有暴力倾向，从而阻止男孩玩枪。

通过跟小龙的探讨，我可以感受到他的渴望打败坏人、保护无辜者的心理。所以，父母应该具体问题具体分析，引导男孩正确运用枪，让他们明白：枪是为正义、为保护无辜者而用，而不能随意滥用。

亲子互动：丛林大作战

有一次，我们带小龙去潮白河岸边玩耍，小龙当时正好带着他的那把长枪，我跟他爸爸则拣了树枝当枪。我们准备来一场丛林大作战。

于是，我跟小龙一组，爸爸单独一组，我们找了一个"战壕"躲起来，爸爸则以树作为障碍物。

准备就绪，爸爸发动猛烈进攻，我假装说："妈妈受伤了，我们怎么办？是冲出战壕，还是继续坚守阵地。"

"妈妈，你躲着别动，我来反击。爸爸，你中弹了，快倒下！"

爸爸假装倒下，丛林大作战结束。

5 喜欢恐龙
——渴望强大力量以征服世界

妈妈育儿事

小龙3岁时,我们带他去了地质博物馆。看到里面的恐龙骨架,他不但不害怕,还一直围绕着它们转,不断地问:"恐龙是死了吗?还是没有穿衣服啊?"

就在他提出这些问题的那一刻,他彻底迷上了恐龙。从那以后,他除了特别喜欢看恐龙动画片、读宫西达也的恐龙绘本以外,最喜欢的就是各种恐龙玩具,机器恐龙,塑胶恐龙,布偶恐龙……恐龙成了他最好的朋友。

每天早上吃过饭以后,小龙都会将恐龙从玩具盒里倒出来,有时候跟它们叽里咕噜地自言自语一会儿,有时候将恐龙分成两派,组织它们对战,胜利者就会得到小贴纸,失败者就会被放回盒子里。

可是,前段时间小龙却让我特别烦恼,他总是不停地问,"这个恐龙叫什么名字,那个恐龙又叫什么名字?"

当我回答"这是霸王龙,那是禽龙"时,小龙立即反驳说:"不对,霸王龙是很厉害的恐龙,它这么小,不是霸王龙。"

听到儿子这样的反驳,我突然觉得自己应该立即去恶补恐龙百科知识,便在网上买了一本厚厚的《DK儿童恐龙百科全书》来读。快递员把书送来,我刚拆开包裹,儿子就看见了封面,大叫道:"恐龙,恐龙!好大的恐龙!妈妈,快给我读!"接下来就不停地让我给他读,有时候一段要读好几遍,有时候一直读,好像不知疲倦一般。读着读着,他还会问各种各样的问题,比如,

翼龙是恐龙吗?

甲龙为什么要长尖刺?

马门溪龙的脖子为什么那么长?

恐龙会飞吗?

……

面对他连珠炮般的问题,我纳闷了,恐龙早就灭绝了,他怎么对恐龙那么感兴趣?

后来在带领妈妈们陪孩子画画时,我遇到了同样痴迷恐龙的小青蛙。小青蛙是一位跟小龙差不多大的男孩。他对恐龙的痴迷程度远远超出了小龙,无论我们出的主题是什么,他永远都是画恐龙,而且画的每一个恐龙故事都活灵活现。有一个故事给我留下的印象最为深刻:

"我得到了一包神奇恐龙种子,据说种下去可以长出恐龙来。我开心极了,一边唱着今天在学校学的《小乌鸦爱妈妈》的歌,一边去播种。霸王龙和天上的喷火龙跟在我后面一起去看播种。我刚把恐龙种子种在地里,种子立马长成一棵大树,并且结出三只小霸王龙。太神奇了,我简直不敢相信,霸王龙在一旁也很吃惊,喷火龙很纳闷地飞过来,怎么眨眼功夫就长出三只活的而且可以动的恐龙宝宝,太不可思议了。

"其中,两只恐龙宝宝已经剪断了连在身上的藤,可以下地走了,还

有一只连着藤的恐龙宝宝也想下地一起玩,他们发现了旁边的大霸王龙,都争着喊'妈妈,妈妈……'霸王龙很严肃地跟他们说:'我是男的,怎么可能是妈妈呢!要当也是当爸爸呀!'于是霸王龙收了三只恐龙宝宝,每天带他们玩耍,教他们本领。"

妈妈烦恼一扫光

据说十个男孩中有九个男孩痴迷恐龙,小龙、小青蛙就是典型代表,有些孩子还会像《小猪佩奇》里的乔治,走到哪里,都抱着恐龙先生,甚至抱着恐龙先生睡觉。可见,恐龙对孩子有一股神奇的魔力。

那么,孩子为什么对恐龙那么感兴趣呢?一方面,孩子天生好奇,他们一出生就睁着好奇的眼睛打量着周围的世界。这种好奇心往往能促使孩子对某种事物产生强烈的兴趣,从而不断地去探究、去发现。

在不断探索的过程中,孩子迎来了"询问敏感期",总是不断地问为什么。在这个时期,倘若孩子接触到了恐龙,灭绝的恐龙对他们来说无疑披上了一层神秘的外衣,这种神秘感激发了孩子的好奇心,让孩子迫不及待地展开想象,去一探究竟。

另一方面,每个孩子的内心都藏着"王者无敌"的信心与勇气,这是人类征服自然的本能,而孩子的这种本能与恐龙称霸陆地的英勇不谋而合。

在探索恐龙的过程中,他们会层层深入,不断地提出各种问题,这些问题往往令父母不知所措。面对男孩的各种问题,父母不要感到厌烦,而应该从生活中的方方面面去配合男孩,跟随孩子一起探索神奇的恐龙世界,让他们体验那种征服大地的强大力量。

（1）跟孩子一起读恐龙绘本

恐龙绘本不仅展现了恐龙的形态特征，还用拟人化的方式讲述了一个个温情的故事，比如，宫西达也的恐龙绘本，让孩子在感受到恐龙的庞大与残酷时，还能感受到恐龙也有它温情的一面。

值得注意的是，不同年龄段的男孩对恐龙的探索不一样。5岁前的男孩喜欢读恐龙绘本，而5岁后的男孩则对恐龙百科更感兴趣。所以，父母要有针对性地选书。

（2）带孩子参观恐龙博物馆

现在很多博物馆都有恐龙化石与模型，父母可以带孩子参观恐龙博物馆，让孩子近距离感受恐龙的庞大以及恐龙所生活的环境。通过观看这种模拟恐龙及其生活的环境，让孩子对恐龙有更多的切身体会，促使他进一步探索恐龙。

（3）陪孩子一起看恐龙电影

博物馆的恐龙没有动漫的声效特点，电影能够更加生动形象地展现恐龙的形状与生活特征，尤其是一些3D电影，让恐龙更加形象逼真。所以，父母可以在休息时间陪孩子一起看恐龙电影，让他身临其境地走进恐龙世界。

第二章 了解男孩女孩行为差异,发掘男孩天性

亲子互动

"妈妈,这个恐龙的名字叫什么啊?它的脖子好长啊!"

"它叫马门溪龙!"

一次带小龙去博物馆玩时,他看到恐龙骨架问道。

"它已经死了吗?"

"是的,这是它的骨架!跟你在电影或者书里看到的恐龙不一样,对吗?"

"嗯!"

"恐龙后来都死了吗?"

"你不是看过《会飞的恐龙》吗?有些恐龙演化成了鸟儿。"

"哦!原来鸟儿的祖先是恐龙啊!好神奇!"

第三章

破解男孩发泄情绪行为，让男孩学会管理情绪

1 动不动就哭
—— 通过哭来表达内心需求

妈妈育儿事

一天晚上，快睡着时，一位妈妈在我们的育儿群里求助：

各位妈妈们，大家晚上好，两岁多的男宝动不动就哭，怎么办？我要怎么做，才能让他不哭啊？

不一会儿时间，各位热心的妈妈都纷纷支招：

阳阳妈妈：孩子哭很正常啊，孩子哪有不哭的？允许他哭。

宣宣妈妈：是啊，我儿子也动不动就哭，尤其是见到我，更喜欢哭。

军军妈妈：我们家也是，总是张嘴就哭。

……

我也知道大家说的意思，孩子哪有不哭的？可是，我们跟老人住在一起，他们总是觉得一个男娃娃哪能动不动就哭。所以，每次他一哭，老人就各种吓唬他说："不准哭，再哭就把你丢门外去。"结果，我儿子哭得更厉害了。刚才才哭了一场，我真的觉得身心疲惫。

妈妈烦恼一扫光

看到这位妈妈的讲述，非常感同身受。这些年我是一直顶着全家人的

第三章
破解男孩发泄情绪行为，让男孩学会管理情绪

这种观念走过来的，他们都觉得小龙动不动就哭，是我惯的……（关于小龙学习管理情绪的文章，我已在《孩子，你是最好的自己》这本书里进行过详细描述。）

想起过往的经历，我回复道：老人的观念都是过去的传统观念，觉得男儿有泪不轻弹。事实上，这种观念只会让男孩把心中的苦与泪往肚里咽，却没有学会正确发泄情绪、管理情绪。所以，现在很多成年男性都不懂正确发泄情绪，也不懂管理自己的情绪，总是对自己亲近的人乱发脾气。

丹尼尔·戈尔曼在《情商》一书中提出："如果你不能控制自己的情绪，如果你没有自我认知，如果你不能管理自己的负面情绪，如果你不能推己及人并拥有有效的人际关系，无论你多么聪明，都不可能走得很远。"

现如今，很多成年男性的情商极低，我想一方面是因为男人的大脑天生不占优势，另一方面就是跟我们父母那辈人的观念有很大的关系，不允许男孩哭，导致男孩不能很好地管理自己的情绪。

一般来说，很多父母都觉得女孩哭是天经地义的，所以，大家能够接纳女孩的哭泣。但对于男孩却完全不一样，总是用"男儿有泪不轻弹、男子汉流血不流泪"来要求男孩隐藏自己的情绪，不准男孩哭。事实上，无论男孩还是女孩，都有哭的权利。从一个人的情绪发展来看，3岁前，孩子的情绪都呈现易冲动、易外露、易感染等特点，但随着孩子年龄的增长，在幼儿晚期，他们的情绪由外露转为内隐，稳定性逐渐增强，进而慢慢学会管理自己的情绪。

所以，无论男孩还是女孩，父母都应该尊重孩子的情绪发展规律，因势利导，而不是一味地阻止男孩哭泣。不允许男孩哭，其实就等于让男孩忽视自己的内心，以致他们不能正确认识自己的内心而迷失自己。

其实，从男孩的大脑发育来说，父母不仅要允许男孩哭，还需要付

出更多的爱来帮助男孩认知自己的情绪。因为男孩的大脑与女孩的大脑不同。虽然男孩平均脑量比女孩大，但据一些研究表明，男性的瓣胝脓体更小。何为瓣胝脓体？即大脑中负责连接两半球、让左脑和右脑互相"交流"的部分。男孩大脑中灰质更少、血流更迟缓、脑电活动也更晚，所以，他们不能像女孩那样充分处理与情感有关的内容。

与女孩相比，男孩大脑中灰质更少、血流更迟缓、脑电活动也更晚。所以，他们不能像女孩那样充分处理与情感有关的内容，大多数男孩不能正确表达自己的内心感受。这就需要父母在男孩哭泣时，多给予他理解与关爱，并用共情的方式帮助男孩体验情绪、认知情绪、正确发泄情绪，最后学会管理情绪。

那么当男孩动不动就哭时，父母应该怎么做呢？

（1）蹲下来，给男孩一个拥抱

当男孩哭时，父母应该蹲下来，给男孩一个拥抱，通过拥抱让男孩感受到父母的爱，感受到强烈的安全感。只有当男孩感觉到安全时，他才能自由自在地表达自己的情绪。这也是很多男孩在其他人面前不哭，但一见到妈妈就哼哼唧唧地哭个没完没了的原因。很多妈妈因此烦恼不已，她哪里知道正是因为孩子跟她最亲近，他才会有这样的表现。

（2）说出男孩内心的感受

一般来说，孩子两岁多时，内心就会有各种感受，比如，焦虑、生气、恐惧、紧张，但他们并不知道这些感受的名字，只会通过哭来表达。所以，这时妈妈最好能根据当时的情境及时说出男孩内心的感受，比如，当孩子因生气而哭时，妈妈就说："妈妈知道你刚才生气了，妈妈也有生气的时候。"当男孩内心的这种感受得到妈妈的理解以后,就不会感到不知所措。

（3）借助电影引导男孩认知自己的情绪

很多男孩都喜欢看动画电影《头脑特工队》,这部电影有五个主人公：乐乐、忧忧、怕怕、怒怒、厌厌,这五个角色对应人类的五种基本情绪——快乐、悲伤、恐惧、愤怒、厌恶。父母可以在陪男孩看这部电影时,顺势引导男孩认识这五种基本情绪。当然,父母还可以通过绘本引导孩子认知自己的情绪,跟主人公一起体验各种情绪。

（4）帮助男孩找到正确发泄情绪的方式

画画是孩子表达自己内心情绪的途径之一,父母可多陪孩子画画,让孩子通过画画释放自己内心的情绪。除此之外,运动有助于孩子释放情绪。父母可以多陪孩子运动,比如骑单车、跑步等。

亲子互动

在小龙4岁以前,每次坐车时,他都会闹脾气,大概是有些晕车。所以,在他闹脾气时,我就指着车窗外说："快看,快看,那是什么？"

小龙注意力被吸引了,瞪大眼睛看车窗外的大千世界。我再一一给他介绍："那里有一只飞起的小鸟,那里有一条河,地铁正从河上面的桥疾驰而过。"当他被我介绍的这些事物吸引注意力时,就不晕车了,也不再哭了。

2 男孩哭着求抱抱
——渴望获得安慰

妈妈育儿事

我在公众号上发表文章《男孩会走仍要抱抱——通过抱抱来确定父母的爱》后,看了我的文章的妈妈就在后台发来各种消息:

一位妈妈留言说:"孩子动不动就哭着喊'妈妈抱抱,妈妈抱抱',如果我不抱他,他就没完没了地哭。听到他哭,我真是一个头两个大!"

一位妈妈说:"儿子8岁了,每天早上起床还要抱一下,这正常吗?"

一位妈妈说:"我儿子在睡觉前,必须得让我抱着睡,我要是没有时间抱他的话,他就哭着不睡觉!"

还有一位妈妈说:"我儿子要是摔倒了,他就会哭着让我抱抱,其他人抱都不行。"

……

妈妈烦恼一扫光

面对大家关于孩子要"抱抱"的疑惑,我觉得很有必要再用一篇文章来阐述一下"抱抱"对孩子成长的重要性。我相信很多人都曾看过发展心理学家亨利·哈罗的布猴试验:

亨利·哈罗用铁丝做了一个能够喂奶的铁丝母猴，又用木头与布做了一个什么都不能做的绒布母猴，然后把一群婴猴放在这两只母猴周围。没过几天，令人意想不到的事情发生了：婴猴只在饥饿时才找"铁丝母猴"，其他时间都与"绒布母猴"待在一起。如果遇到危险，即使正在吃奶的婴猴也会跑到"绒布母猴"身边并紧紧抱住它。

这个实验充分说明人除了有饥饿、干渴等生理需求外，还有接触安慰等需求。所以，我们可以得出一个结论：每个人从一出生就需要被他人拥抱。

对于孩子来说，他总是张着手臂向妈妈求抱抱完全是天性使然。一天没见到妈妈，猛然看见妈妈时，他会毫不犹豫地张开手臂扑向妈妈，寻求妈妈的抱抱。即使孩子很小，还不会张开手臂，如果你仔细观察，他也会把身体侧向妈妈，示意妈妈抱抱，向妈妈寻求爱，也向妈妈表达爱；在晚上睡觉时，孩子也会说"妈妈抱抱，妈妈抱抱"；摔倒了，或者遇到了什么危险，他第一反应仍然是哭着找妈妈抱抱……

然而，太多妈妈都不明白孩子为什么总要抱抱，不抱就哭，面对孩子动不动就哭着求抱抱，有的妈妈怒气冲冲地朝孩子吼："一天到晚就知道抱抱，抱抱，还没完没了了，你能不能消停一下。"

孩子求抱抱其实是想确定爱，确定安全感，从而形成安全型依恋。孩子的依恋可分为三种类型：安全型依恋、回避型依恋、矛盾型依恋。

在妈妈离开时，孩子哭着求妈妈抱抱，当妈妈回来时，即使他脸上挂着眼泪，依然伸出手要妈妈抱抱，这是安全型依恋。

如果妈妈离开或不离开对孩子影响不大，那么这类孩子就属于回避型依恋。还有一类孩子在妈妈离开时哇哇大哭，但妈妈回来时又表现出矛盾心理——既想与妈妈接触，又拒绝妈妈的亲近，这类孩子属于矛盾型依恋类型。

哭着求抱抱的孩子正是安全型依恋，妈妈应该感到高兴。总之，妈妈的怀抱对孩子来说拥有神奇的力量。所以，当孩子摔疼了哇哇大哭求抱抱时，妈妈最好给他一个温柔的抱抱，他获得安慰后，就获得了重新出发的力量。

很多妈妈都知道，孩子自从会走路以后，就会不断地去探索外部世界，但外部世界对孩子来说既陌生又充满危险。当他遇到危险时，他会本能地退回妈妈的怀抱。在妈妈的怀抱里获得安全感后，他又有了重新出发的力量。

不仅如此，父母的抱抱还影响着孩子成年后的亲密关系。那天，那个妈妈问："儿子8岁了，每天早上起床还要抱一下，这正常吗？"我回答："你跟你爱人都那么大了，还不是要抱抱吗？那这正常吗？"

我虽然给出了一个反问句，其实就是想说明一件事：抱抱是一个人的天性，它从未消失，只不过在小时候与长大后以不同的方式呈现出来。

小时候，我们毫无顾虑地向父母寻求抱抱。随着年龄的增长，我们慢慢意识到男女有别，再当众抱抱就觉得不好意思。所以，这种抱抱看似消失了。其实不然，我们只是把这种抱抱转向了亲密关系。当你谈恋爱或者结婚，你跟爱人拥抱会觉得那么理所当然。可见，成年后的拥抱可以追溯到童年时的抱抱。

大家还记得电视剧《欢乐颂》里的安迪吗？安迪是一个孤儿，小时候基本上没有获得父母的拥抱，她因为缺少拥抱而使皮肤长期处于饥渴状态，时间长了，心灵也变得孤独，长大后不愿与别人过分亲密，即使面对爱人的拥抱也强烈排斥。

与安迪完全相反的是另一种表现：特别渴望得到别人的拥抱与爱抚。有些女孩自己也不清楚，为什么对一个自己见面不多的男人，却特别渴望对方的拥抱与爱抚。因为内心的这种需求，这类女人在感情的道路上一直磕磕绊绊，难遇良人。

这两种情况称为"皮肤饥渴症"，大多因小时候太少获得父母的拥抱与爱抚所致。所以，孩子哭着求抱抱，正是向父母传递一个重要信息，他渴望妈妈的怀抱，渴望妈妈的安抚。针对孩子哭着求抱抱的行为，他离"皮肤饥渴症"也许只差父母抱或者不抱。

所以，父母任何时候都不要拒绝孩子抱抱的要求，给他足够的拥抱与爱抚，而且对孩子来说，抱抱永远不嫌多。

大家还记得《抱抱》这本绘本吗？一只小猴子走在森林里，当它看到别的小宝宝都有妈妈抱抱时，它难过得大哭。当它的呼唤声把妈妈叫来时，它扑进了妈妈的怀抱，与妈妈拥抱在了一起，最后的画面是所有人都拥抱在了一起。

这本书全书就只有"抱抱"与"妈妈"，但它却表达出了孩子渴望拥抱的心声，更表达出一幅和谐充满爱的拥抱画面。所以，当孩子求抱抱时，妈妈要尽量满足他，多给予他抱抱。即使一时顾不上，也要告诉他，等一会儿，妈妈洗洗手就抱你。你的拥抱正在成就孩子未来的幸福。

亲子互动：读绘本《抱抱》

在小龙两岁多时，我第一次抱着他读绘本《抱抱》，读着读着，他突然哭了起来，一边哭，一边断断续续地说："小猩猩好可怜哦，他没有妈妈抱抱。"

"咱们还没读完，先别哭，也许它的妈妈就出现了呢！"我继续往后读着。

读到小猩猩见到妈妈时，小龙开心极了。读完那本绘本后，我们经常一起演练，他从客厅的一头朝我跑来，一边跑一边喊："妈妈抱抱，妈妈抱抱！"我也跑向他，一边跑，一边说："宝宝，妈妈在这里。宝宝，妈妈在这里。"

那时候，我们常玩抱抱的游戏，温馨而又美好。

3 要玩别人玩具遭到拒绝就哭
——分不清"你我他"

> **妈妈育儿事**

一个周六,有些感冒的我睡了一觉醒来,感到头重脚轻,拿起手机就看见一位妈妈给我发来的一条信息:

龙老师,打扰了,遇到了一个困惑想请教您。刚带儿子下去小区广场玩平衡车,有一个比他大三个月的小朋友的遛遛车篓子里放了个小的搅拌车,他很想去玩,我鼓励他自己去借,但是那个小朋友不愿意,我儿子没拿到玩具就开始哭,我安慰他让他回家玩自己的搅拌车,这时小孩的妈妈又把小玩具借给了他。玩的途中,小玩具又被小朋友拿走了,我儿子望着我只能坐在地上哭。当时看到那一幕,作为妈妈的我好心疼,但是我又希望他能尝试着自己处理社交问题,并且这个玩具本就不是他的,所以我没有介入。

最后我让孩子自己站起来,他跑向我,我给了他一个拥抱,却不知道要和孩子说什么。到现在一直在回想那个场景,有点懊恼当时没过去帮他一下。感觉我儿子是不是太老实了?还有遇到事情都是依赖大人。近一年我都是在上班,只能下班和他相处,所以对他现在的引导突然感到很迷茫。

看到这则消息,我情不自禁地想起小龙小时候也遇到过这种情况,看到别的小朋友的玩具就想玩。我鼓励他去向小朋友借，他怯怯地走向对方，真诚地跟对方说："你能把这个玩具借我玩一会儿吗？"却遭到了对方的无情拒绝，他那一脸受伤的神情，至今让我记忆犹新。

他也曾向我求助，我只能蹲下来给他一个拥抱说："那个玩具是小朋友的，他可以借给你玩，也可以不借给你玩，就像你自己的玩具一样，你可以借给别人玩，也可以不借给别人玩。你看你不想借玩具给别的小朋友玩时，妈妈没有强迫你，而是尊重你的意愿，是不是？"

"是！"

"所以，我们也要尊重小朋友的意愿，不能强迫他，更不能夺人所爱。"经我这么一说，小龙慢慢释然了，不再为借不到玩具而伤心难过。

不过，有了这样的经历，我和小龙都吸取了教训。我特意放一两个玩具在包里，遇到小朋友玩玩具时，就把玩具拿给他，如果他想玩别人的玩具，就鼓励他去交换。

正因为有了这样的引导，小龙不仅学会了跟小朋友交换玩具玩，还学会了先跟别人交朋友。记得有一次，奶奶带小龙去二姑家玩，在楼下遇到一个玩高铁玩具的小朋友。

见人家蹲在那里玩，他轻轻地走了过去很友好地问道："你这个玩具在哪里买的？"

小朋友回答说："我妈妈在网上给我买的。"

"我妈妈也经常给我在网上买玩具，我家也有高铁玩具。不过，我今天来我二姑家了，我没带来，你能借给我玩一会儿吗？"

小朋友头也不抬地回答说："不行！"

"你借给我玩，我下次带多多的玩具给你玩。我家有恐龙，有奥特曼，还有消防车呢！"

两个小朋友叽里咕噜一阵后，就一起玩起了那个高铁玩具。

奶奶回家后，把小龙跟小朋友借玩具的情景原原本本地告诉我，还不忘带一句："这孩子真能说，还就把人家的玩具骗来玩了。"

我回答说："人家是友好沟通，怎么能说是骗呢？"

"嗯嗯，是友好沟通。"

听完婆婆这一席话，我对小龙的社交能力感到很欣慰，也很庆幸自己从小放手让他去经历，让他去交往，没有做过多的干涉。

于是，我回答那个妈妈道："每一个孩子都会遇到这种情况，也都会感到伤心难过。不过，这正是孩子发展社交能力的重要时机。所以，无论父母还是孩子，都得接纳别人不给你玩玩具的事实，因为那是别人的玩具。我家孩子也遇到过这种情况，我就告诉他，那是别人的玩具，人家可以借给你玩，也可以不借给你玩，就像你自己的玩具一样，你可以借给别人玩，也可以不借给别人玩。我们要尊重小朋友的意愿。当他接受了这个事实，也就释然了。

"不过，在孩子出门时，记得给孩子带一两个玩具。当孩子想玩别人的玩具时，可以鼓励他去跟别人交换，这比借玩具容易多了。因为对方也可能正好对这个玩具感兴趣。这样就可以通过玩具与对方交朋友。孩子现在受点委屈，当他懂得怎么跟小朋友沟通交流时，你那时就省心了。"

妈妈烦恼一扫光

当孩子一岁半以后，随着自我意识的发展，他慢慢意识到妈妈是自己的，玩具也是自己的。所以，很多孩子都会拒绝把玩具借给别的小朋友玩。

而且对1～3岁的孩子来说，他们也无法理解借的意思，并不知道借只是给对方玩一会儿，还可以要回来。所以，大多数孩子都不会把玩具借给别的小朋友玩。

而2~6岁的孩子又处于自我中心意识期，并没有完全意识到"你、我、他"的意义，更不懂"你的、我的、他的"的意义，总觉得自己的玩具是自己的，别人的玩具也是自己的。所以，对于想玩别人玩具的孩子来说，他觉得别人就应该把玩具给他玩，不给他玩，他就哭。

在这种情况下，妈妈如果心疼孩子，去劝说小朋友给自家孩子玩，或者强制性地拿人家玩具，那么自家孩子就会觉得玩别人的玩具是理所当然的事，甚至会出现抢别人玩具的行为。

所以，在这种情况下，父母要引导孩子认清玩具是别人的事实，要去接纳小朋友可以不给你玩这件事，而不是心疼孩子的哭闹。当孩子接受别人可以不借给自己玩以后，他心里就释然了，也就不会再哭闹。那么父母怎么帮助孩子面对别人不给孩子玩玩具的情绪呢？我根据自己的经验总结出以下几点，供大家参考：

（1）帮助孩子区分"你、我、他"

在孩子一岁半以后，他的自我意识开始萌芽，会把自己的称呼"宝宝"转变成"我"，在这个时期，父母可以在生活中引导并强化"我"的概念。比如，当宝宝说："我妈妈。"妈妈也可以说引导说："我儿子。"随后进一步引导说："你是我的儿子，他是你的爸爸。"在生活中，让孩子学会区分"你、我、他"的区别。通过这样的对话，培养孩子的自我意识，帮助孩子建立起物体归属感，让他慢慢懂得自己的东西与别人的东西并不是共同体，而是一种独立的存在。

父母做好这项准备工作，那么后面给孩子讲玩具是别的小朋友的就容易得多。因为他已经理解了"你的、我的、他的"的意义。

(2) 明确玩具的归属权

当孩子的自我意识发展时，他的物权意识也随之发展。所以，当孩子要玩别人的玩具时，父母要明确告诉孩子："那是别人的玩具，他可以给你玩，也可以不给你玩。"

当然，父母在这样尊重别的小朋友的意愿时，也要做到尊重自己孩子的意愿。当孩子不愿意跟小朋友分享玩具时，妈妈不要强迫他，而要告诉他："这是你的玩具，你自己决定。"

如果别的小朋友来找你，表示要玩自家孩子的玩具时，你也要说："那是他的玩具，你去跟他商量，好吗？阿姨不能做决定。"这样就明确给孩子树立了玩具的归属权，而不会导致孩子分不清玩具到底是谁的。

有些父母强迫孩子跟小朋友分享玩具，当孩子的物权意识遭到破坏时，他就会认为自己必须把玩具借给别人玩，别人也必须把玩具借给自己玩。所以，要想孩子尊重别的小朋友的意愿，父母就必须先尊重自家孩子的意愿。

(3) 给孩子准备交换的玩具

每次出门玩时，父母都要记得给孩子准备一两个玩具，一方面是看见别的孩子有玩具玩，孩子能及时获得满足；另一方面是当孩子想玩别人的玩具时，可以拿自己的玩具去跟小朋友换着玩。就算交换不成功，孩子有玩具玩，也能缓解孩子的失落感。

（4）引导孩子在一旁看

如果父母没有给孩子准备玩具，而小朋友又不借给孩子玩。这时候，妈妈还可以对孩子说："我们蹲在旁边看看他是怎么玩的，我们先学习一下。"

当孩子蹲在旁边看时，也许慢慢就跟对方交上了朋友，像小龙那样，有一句没一句地跟人家交流。当彼此成为朋友时，自然就能一起玩玩具了。

亲子互动：分清"我的，你的，他的"

在小龙两岁左右时，有一天，我突发奇想，拿起我的一件衣服，想考考他能不能分清。于是，我问道："这衣服是谁的？"

"妈妈的！"

我感到很诧异，又问道："这件呢？"

"爸爸的！"

"这件呢？"

"宝宝的！"

见他能准确区分，我又问道："那妈妈的衣服，你能穿吗？"说完，就把衣服穿在他身上，他哈哈大笑着说："不能。"

"那你的衣服，妈妈能穿吗？"我把一只手伸进他的衣服里。

"不能！"

"我们每个人都有自己的东西！每个人都应该保护好自己的东西。"虽然明知道他听不懂，但我还是跟他总结道。

上幼儿园前两天不哭，后来一直哭
——新鲜感过后的分离焦虑

妈妈育儿事

"龙老师，您好！我需要向您请教一个问题：

我儿子上幼儿园头两天不哭很开心，从昨天早上开始有情绪，但是放学又很开心，到晚上吃饭时又突然哭起来说不上幼儿园。我朋友就说适应两周到一个月就好，都这样。我还跟我儿子说，放学带他去吃好吃的，爸爸还给他买玩具车，朋友说不能这样，这是贿赂，不利于他适应。我觉得也是，我错将贿赂当鼓励了。我打算明天继续送他上幼儿园，送完立马走，不管他如何哭。我这样是否正确？在家里各种引导都还是哭。头两天很开心是因为之前读了很多绘本，都是说幼儿园好玩的，不知道为啥上两天就开始闹了。但是老师说一进幼儿园就不会闹情绪了，玩游戏、吃饭、睡觉都很好。我感觉是我不适应，我太紧张了，被孩子察觉到，然后开始闹。"

妈妈烦恼一扫光

看到这位妈妈发来的这段文字，小龙刚上幼儿园时的情景一点一点地浮现在我眼前。小龙上幼儿园时也是这样，前三天都没有哭，第四天却哭得撕心裂肺。虽然第四天哭可能是因为我没有让他带玩具，引发了他的情绪，但在后来，他也会时不时地一把鼻涕一把泪地表示不愿去幼儿园。

当我问他为什么不去幼儿园时，他还有一大堆理由：幼儿园不好玩，不喜欢吃幼儿园的饭等。其实，我知道他之所以不想去幼儿园，一个重要的原因就是他还没有完全适应幼儿园的生活。

孩子刚上幼儿园的那两天不哭，不是因为适应了幼儿园的生活，也不是因为喜欢上幼儿园，而是他对幼儿园感到好奇。一般来说，刚上幼儿园的前两天，老师一般会特别关注新生，会迁就他，也会给予他一些特殊的帮助，帮助他学习排队，甚至喂他吃饭。

可是，两天过去后，老师需要照看更多的孩子，对你的孩子多多少少都会减少一些关注。而孩子此时对幼儿园的新鲜感也过去了。这时，他就会发现幼儿园并没有家里那么自由自在，老师也不像妈妈那样完全以他为中心。

在焦虑感、不安感的驱使下，他特别渴望妈妈的怀抱，特别想念家的感觉，进而哭闹着拒绝上幼儿园。

可见，孩子上了几天幼儿园后哭闹着不愿再去幼儿园，其实是一种特别正常的表现。在这个特殊时刻，父母的态度与引导就起到了关键作用。

当然，像那位妈妈说的那样，用物质奖励的方式鼓励孩子去上幼儿园，只要孩子去上幼儿园，就答应他的各种条件。这种方式看似有效，其实是一种哄骗方式，治标不治本，还不利于孩子建立内在驱动力。如果某天物质奖励一旦中止，那么孩子就全然没了上幼儿园的兴趣，所以，这种方法并不是长久之计，更不能让孩子养成习惯。

那么在这个关键时刻，父母用什么办法激发孩子的内在驱动力，引导孩子快速适应幼儿园生活呢？我结合我自己的经验跟大家分享：

(1) 管理好自己的情绪，为孩子离开你的第一步鼓掌

孩子上幼儿园，往往难舍难分的不是孩子，而是妈妈。大家都知道，情绪具有传染性，当孩子去上幼儿园时，妈妈在焦虑心理的驱使下，泪眼婆娑，表现得难舍难分。那么天性敏感的孩子立即就能感受到妈妈的难过与不舍，还没完全了解上幼儿园这件事的他就表现得特别胆怯，丧失迈进幼儿园的勇气，进而想退回到妈妈的怀抱里。

所以，在这个时刻，妈妈的态度特别重要。妈妈要学会为孩子勇敢迈出独立的第一步鼓掌，为孩子感到高兴。具体需要做到的就是在把孩子送到老师手里时，最好转身离去，然后私下里向老师询问情况。妈妈这个时刻的果决能够更好地帮助孩子走向独立，也让孩子肯定自己要走向独立的认知。

(2) 接纳孩子的情绪，允许孩子哭

当孩子哭着说不去上幼儿园时，妈妈可以蹲下来注视着孩子的眼睛说："妈妈知道你上幼儿园还有些紧张，而且有些想念妈妈，所以忍不住想哭。想哭就哭一会儿吧，把紧张、难过都通通哭出来。"说完后，给孩子一个拥抱，然后笑着说："紧张、难过都通过眼泪哭出来，现在就开开心心地去上学吧，妈妈相信今天又是愉快的一天。"

要接纳孩子的情绪，允许孩子哭，而不是压抑孩子的情绪。情绪总需要得到发泄，父母不允许孩子哭，孩子就会在幼儿园里哭闹。

(3) 多表扬他在幼儿园的优秀表现

放学后，父母接到孩子后，不要总问他在幼儿园过得开不开心，学习怎么样，有没有好好吃饭等问题，而是要用正面管教的方式，跟孩子沟通交

流说:"我看你今天在幼儿园里都自己吃饭了,你真是长大了!"或者说:"你在幼儿园里都懂得跟大家排队了,你正在成为一个懂礼貌的孩子。"

父母通过表扬孩子做得好的地方,让孩子感受到满满的成就感,从而更有信心面对幼儿园的生活,真正激发孩子喜欢幼儿园的内驱力。

(4)帮助孩子结交朋友

对刚上幼儿园的孩子来说,老师与学习都不是孩子最感兴趣的,真正让孩子感兴趣的是小伙伴。

为了帮助孩子结交朋友,妈妈在放学后,可以约同学的妈妈带着孩子一起去附近的小区玩,让孩子彼此建立起一种情谊。当孩子有过私下交流的时刻,在幼儿园里就不会感到孤单,会觉得自己有伴。有些小朋友还会一起约定,明天一起上幼儿园。

小龙刚上幼儿园时,我经常带他找同学一起玩,在回家时,大家在互相说再见时,总会情不自禁地说"明天幼儿园再见"。没想到,有一次,这句话对一个小朋友产生了神奇的效果。那个小朋友上了一个月幼儿园,基本上每天早上都要哭一场。但是,那天早上却破天荒地早早起床,自己背上书包说:"我跟小龙约定好了,我们今天要一起去上学。"然后,开开心心来幼儿园,并且很开心地进教室,度过了愉快的一天。

当他妈妈告诉我这个消息时,我非常惊讶于孩子之间竟如此遵守彼此之间的约定。后来,我们很多家长都会在恰当的时候,通过好朋友约定的方式来引导孩子去上幼儿园。

(5)斩断孩子的退路

有过经验的妈妈会有这样一种感受:全职妈妈带的孩子比上班的妈妈

带的孩子更难适应幼儿园的生活。为什么会出现这种情况？因为孩子知道妈妈就在家里，自己不去幼儿园，在家里也有人照顾。如果家里没人照看的话，他就更愿意去幼儿园享受老师的照看。

记得小龙有一天早上也不愿去上学，我背上包，给他买完早点以后就假装说："妈妈今天要去出版社谈事，如果你不去幼儿园的话，你就自己在家里玩，妈妈没办法陪你。所以，你是要自己在家里玩，还是去幼儿园，你自己选择。"（我料定他不敢一个人在家）听我这么一说，他想了想后说："我还是去幼儿园吧！"

"没有伞的孩子才会努力奔跑"。在孩子走向独立时，妈妈不妨给孩子一处没有退路的"悬崖"。当孩子感觉到没有退路时，他就懂得自己只能勇敢前进。

（6）以退一步而进十步

在小龙上了两个月幼儿园的一天，那天的他有一点感冒，他提出不想去幼儿园。我决定用这一天让他体验一下不去上幼儿园的遗憾。

于是，我很爽快地回答说："不想去就不去吧！不过，咱们得先做一个约定：一不能看动画片，必须等到晚上才能看；二你必须自己玩，不能来打扰妈妈，妈妈要工作。"他爽快地答应了。

这一天他确实自己玩各种玩具，几乎没来打扰我。下午，他们班的同学正在上体育课，玩各种好玩的游戏，每一个孩子都高兴得哈哈大笑。当老师把视频发在微信群里时，我故作惊讶地说："快来看，快来看，这些小朋友都在玩什么好玩的游戏呢，怎么玩得这么高兴？"

听我这么一说，小龙以迅雷不及掩耳之势跑了过来，一边跑一边说："什么好玩的游戏，快给我看看。"然后一把夺过手机，津津有味地看了起来。在他看视频时，我故意说："哎呀，今天有个小朋友可真遗憾，大家都玩得那么高兴，唯独他没有玩成。唉，要是去上幼儿园，不就都能玩了吗？那么好玩的游戏，我都想玩了。"

听我这么一刺激，小龙急得说："我要去幼儿园，我现在就要去幼儿园，我以后天天去幼儿园。"

我就是以这种"退一步而进十步"的方式让小龙彻底告别不想去幼儿园的情况。让孩子喜欢上幼儿园，父母真正需要做的是想办法激发孩子的内驱力，而不是用物质奖励去哄骗孩子，这招万万不能用。

亲子互动：假装上幼儿园

在小龙还没上幼儿园时，我就给他买了一个小书包，经常背着小书包出去玩。有一天，他背着小书包向厨房走去，一边走，一边回头说："妈妈，我去上幼儿园了！"

"好，宝贝！"我微笑着说再见。

"妈妈，我回来了！"不一会儿，他又从厨房走了出来。

"哎哟，幼儿园小朋友回来了，今天幼儿园有什么好玩的事跟妈妈分享呢？"我假装问道。

"今天班上又新来了一个小朋友，她想她妈妈了，她好难过！"小龙上过早教班，他看到过小朋友哭，那时的见闻便派上了用场。

"那后来怎么样了呢？"

"老师哄她了呀！"小龙一本正经地说道。

孩子天生喜欢玩假装的游戏，妈妈可以陪孩子玩假装上幼儿园的游戏，在游戏中，让孩子正确认知幼儿园。

5 孩子踢疼妈妈大哭
——孩子需要安慰而不是指责

妈妈育儿事

一天晚上,我在陪小龙玩不倒翁时,他突然一下扬起他的飞毛腿,一脚踢在了我的右眼上,疼得我眉头紧锁,"啊"的一声叫出口,不由自主地伸手捂住了右眼。

"哇,哇,哇!"就在我疼得眼睛都睁不开时,小龙却哇哇大哭了起来。听到他的哭声,我感到十分不解,不由得埋怨道:"你把妈妈的眼睛踢成这样了,我没哭,你还先哭了!妈妈又没批评你,你哭什么啊?还不快来给妈妈吹吹。"

我刚说完,小龙哭得更加伤心了。当时疼痛不已,我实在没心情去哄他,便任由他哭。奶奶听见他的哭声,便过来哄他,他一边叫着"要妈妈",一边跟随奶奶去看动画片。

待疼痛感慢慢过去后,我拿起手机发了一条朋友圈,用文字如实地记录下了这件事。不一会儿,朋友们纷纷发表评论,有朋友说:"他估计是害怕哦!"有朋友说:"他是害怕加心疼而不知所措!"也有朋友问:"是不是平时你对他太严厉了,不够温柔,让他害怕你,他不知道怎么办,是任你打骂还是跑得远远的,所以委屈得哭了呢!"还有朋友说:

"我也这样，因为害怕被批评。"……

看着大家的评论，我的心慢慢平静了下来，开始回想当时的情景。经过一番分析，我开始意识到："他最开始的哭可能是被我过激的反应吓到了"，后来哭得更伤心，就是我的话语中带着些许责备所致。

待心情完全平复后，小龙又来到了我身边。我抱过他问道："你刚才怎么哭了？是被妈妈的反应吓到了，还是害怕妈妈批评你啊？"

"妈妈，我被吓到了！但你后来也批评我了。"

听了他的话，我突然明白了原因所在，我亲了亲他说道："妈妈知道你是不小心踢到妈妈的眼睛的，不过，当你踢到妈妈时，你应该立即来关心妈妈，问妈妈严重吗，可以帮妈妈吹吹，或者揉揉。如果妈妈伤得很严重，还要立即给爸爸打电话，送妈妈去医院，知道了吗？"

"妈妈，对不起！"小龙说完，就伸过小手来帮我揉，感受到他的歉意，我突然心生愧疚。

妈妈烦恼一扫光

在眼睛被踢到时，忍受疼痛的我忘记了自己身体会出现的一系列反应，而这一系列反应又恰好落入孩子眼中，他被妈妈这一系列反应吓哭了。这哭声包含了无辜、恐惧与懊恼等情绪。

因为疼痛，没能及时理解他哭的原因，恼怒的我不由自主地批评了他。他觉得更加委屈伤心。

其实，当他踢到我，当他看到我一系列身体反应时，他已经产生了害怕与自责心理。这种害怕不是害怕受惩罚，而是害怕把妈妈踢伤了。

我当时没有给他安慰，在疼痛导致的愤怒情绪的驱使下，我批评了他。所以，他哭得更加厉害了，这哭声中又掺杂了委屈、难过。

3~6岁的孩子不仅发展出了丰富的生理性情绪体验，还能够在不同事情中体验到自尊、羞愧、自责以及懊恼等社会情感。小龙这一系列情绪变化就是很好的例子。

虽然他们能体验到懊恼自责等社会情感，但由于自我意识的不断发展，在好奇心的驱使下，总想独自去尝试、体验和挑战一些事情。

因为是尝试，在这个过程中，他们并不能准确地掌握分寸，从而犯下错误。就像小龙一样，本来跟我玩得很开心，却一脚踢了过来。其实，他自己也不知道这一脚有多大的力气，会将对方踢成什么样，当他看到妈妈被踢得龇牙咧嘴时，无辜、恐惧与懊恼的情绪占据了他的心扉，从而大哭了起来。

如果我当时理解了他的这种哭背后的含义，忍着疼痛给他一个拥抱并告诉他："妈妈知道你不是故意踢疼妈妈的，别害怕，妈妈只是被踢疼了，没有大碍。"而不是指责，那么孩子的内心体验获得了包容与理解，他就不会哭得更加伤心委屈了。

短短几分钟内，孩子看似同一种哭，却表达了不同的含义。所以，面对孩子的哭泣，父母要结合当时的情景，具体问题具体分析，这样才能更好地理解孩子大哭行为背后的意义，才能更好地引导孩子，帮助孩子缓解他的内心情绪。

亲子互动：练习表情表演

"我们对着镜子来练习表情表演，怎么样？"那天，我突发奇想，看着镜子对小龙说。

"好啊！妈妈！"

"你先来，笑一个！"小龙看着镜子中的自己，努力挤出一个笑容来。

"天啊，你笑起来怎么比哭还勉强。来，妈妈来表演一个大喊大叫。"说完，我对着镜子张大嘴巴"啊，啊，啊"地大喊了起来。

"妈妈，你大喊大叫的样子好丑啊！"

"你大喊大叫的样子就是这样的啊！"大概是看到自己大喊大叫的样子了，自从那次表演以后，小龙很少再大喊大叫了。

6 嘤嘤哭
——情绪正由外露转为内隐

妈妈育儿事

"嘤嘤,嘤嘤",一天早上,我正在厨房做饭,只听见楼梯上传来一阵脚步声,紧接着传来一阵抽抽搭搭的嘤嘤哭泣声,我正感到疑惑不解时,门"啪"的一声被推开了。

"一路哭哭啼啼到学校门口,还去上什么学,要哭就让他哭够再去上学。"爸爸愤怒地说道。

早上小龙因为久久不愿起床被爸爸凶了几句,情绪不好,还任由情绪一路蔓延,到了学校门口也没恢复,结果爸爸又把他带了回来。

我伸出脖子看了他们一眼,小龙放下书包,走进了卧室。卧室里随即传来"嘤嘤"的哭泣声。听到他"嘤嘤"的抽泣声,我暗自想:这孩子今天又不知道要哭到什么时候了?

我这样想不是无中生有,而是有一定依据的。4岁半后,小龙不经常哭了,但哭的方式也变了,以前总是哇哇大哭,可现在却喜欢嘤嘤哭,而且哭起来就没完没了。

有一次给我的印象最深,那天晚上,不知道小龙因为什么事生气了,结果自己一个人躲在窗户边"嘤嘤"哭了起来。

见他在哭,我走过去问他:"你怎么了,能告诉妈妈吗?"然而他就

85

像没听见我说话一样，不理会我。

我又说："你告诉妈妈，妈妈才能给你提供帮助啊。"他依然不理我。

"那妈妈抱抱吧！"他依然不理会。

于是，我走过去抱他。跟以往不一样的是，他扭动着身体，根本不让我抱。我终于按捺不住发起脾气说："那就随便你了，你想哭就哭吧，哭够了再来找妈妈。"

说完，我就躺在床上准备睡觉了。也不知道他哭了多长时间，大概是哭累了，最后自己爬上床睡着了。

看着他熟睡的脸庞，我不由得感慨："这或许就是成长吧！小时候哭容易，笑也容易，现在不经常哭了，可是，哭起来就不容易哄了。"

这么想着，锅里的菜发出了糊味，我赶紧整理思绪，关掉火。然后把菜端上桌子吆喝道："吃饭啦，吃饭啦！"

让我备感诧异的是，小龙竟然喜笑颜开地从卧室走了出来。我一下愣住了，随即明白，他自己整理好了情绪，于是我像朋友那样伸出手来跟他握手，并说："来，来，来，握个手，恭喜你学会管理自己的情绪了。"

小龙有些不好意思地伸出手来跟我握了握手。我随即把他抱进怀里问道："你能告诉我，你是怎么整理自己情绪的吗？"

我刚问出这个问题，他就跑进卧室里拿出一张小画来，指着画上面的两个小人说："妈妈，这个小孩没有打伞，他难过得哭了，你看这是它掉下的眼泪。另一个小孩打伞了，他很开心。我画完画后，心情就好了！"

看着画面上那个哭泣的小人儿，我笑着对他说："画画是儿童情绪的晴雨表，小朋友都可以通过画画来释放情绪的。"

从那以后，小龙就学会了通过画画来表达自己的情绪。在他准备上小学时，我们为了方便他上学，就搬了家。

那几天布置家，贴壁纸，安装书柜、衣柜、电脑桌，没有时间陪小龙。来到新的环境，周围的一切对他来说都是陌生的，既没有父母陪，又没有小伙伴一起玩，他可能备感孤独，一再申诉我们都不陪他玩！我却告诉他，爸爸妈妈这几天忙，你自己玩会！

因为家里比较乱，有钉子等危险物品，而他总是光着脚满屋子跑，我一再嘱咐他穿鞋，语气中带着着急，他备感难过，总在我忙得晕头转向时，要我抱，并故意捣乱，于是我忍不住批评了他！

那天上午，挨了批评的小龙画了一幅画递给我，并指着画说："妈妈，我这两天都不高兴，你看我是这样的！"

画中那个瘪着嘴的小人儿，一下子触动了我的内心。我给了他一个拥抱，并陪他玩了会骑大马！大约五分钟后，他就开心了，并一起帮我们搬运书。

在我整理书时，他又画了一幅画，画中的小孩开心地露出了笑容。望着孩子的这两幅画，我深深地认识到，越是无理取闹的孩子，越需要获得爱。在孩子的世界里，他把陪伴等同于爱。所以，他要通过陪伴来确定"无论怎样，爸爸妈妈都爱他"，哪怕陪伴只有五分钟。

妈妈烦恼一扫光

一说到孩子哭，父母印象最深的可能就是孩子号啕大哭，情绪完全表露于外，丝毫不加控制和掩饰，可以说是"想哭就哭""想笑就笑"。

这个时期的孩子也特别容易引导，用好吃的、好玩的转移他的注意力，即使他脸上还挂着眼泪，也能开怀大笑。

可是，随着孩子年龄的增长，随着他自我控制力的发展，他不再动不动就哭，而且哭的方式也改变了，从哇哇大哭开始转为嘤嘤的抽泣。

这一转变代表着孩子在管理情绪方面向前迈进了一大步，情绪正由外露转向内隐，稳定性逐渐提高了，冲动性也逐渐减少了。

这充分说明他们以后能够很好地调节自己的情绪了，不像过去那样说哭就哭，说笑就笑，而是能够有意识地控制自己的情感外露，表现为在不愉快的时候能够不哭，哭的时候还能控制自己的音量。

这是孩子的进步，但父母别高兴得太早。因为孩子哭的次数少了，但哭一次的时间却长了，很可能出现小龙那种情况，独自生闷气，无论你怎么哄他，他都对你不理不睬，而父母很可能像我一样被惹得怒火攻心。因为无论做什么，他都没有回应，你除了任由他哭之外，好像没有别的办法。这确实让人恼火不已。

不过，恼火归恼火，父母要清楚地认识到：当孩子出现嘤嘤哭的行为时，父母引导孩子正确发泄情绪至关重要。因为这将影响他以后是选择正确的方式发泄情绪，还是默默地把情绪埋在心里，直到有一天忍无可忍时，才猛然爆发。

所以，当孩子哭过之后，父母依然要跟孩子进行一番沟通，一起探讨如何正确面对此时的情绪，让他明白生闷气只会伤害自己的身体。

每个人都应该为自己的情绪找一个突破口，孩子也不例外。我很庆幸自己当时了解了孩子情绪发展的规律，一直坚持陪他画画，让他学会通过画画来释放自己的情绪。

总之，家长要及时了解孩子的情绪，并适时进行正确的引导，帮助孩子学会管理自己的情绪。

第三章
破解男孩发泄情绪行为，让男孩学会管理情绪

亲子互动

"宝贝，你脑海中的情绪是什么样子的？你可以画给我看吗？"

"好啊，妈妈，你等一下啊！"小龙回答完，就拿起笔在纸上画了起来，一边画，一边说："妈妈，这是我高兴的时候，这是我生气的时候，这是哭的时候，这是你不理我的时候……"

看着孩子画的那些表情图，我才发现孩子对情绪已经有这么深的认知。

第四章

解读男孩表达爱的行为，懂爱的男孩更幸福

1 男孩会走仍要抱抱
——通过抱抱来确定父母的爱

妈妈育儿事

小龙爸爸最近几天大感意外，很欣喜地说："孩子真是神奇，小龙自从五岁以后，突然就不让我抱了，每天早上去上学，都自己背着书包走。要放在以前，一下楼梯，就各种耍赖，让我抱，不抱就不行，孩子真是长大了！"

听到小龙爸爸这句话，我长长地松了一口气。孩子终是没有被我宠坏，虽然每次听到别人家的孩子都自己走路，心里多少都不是滋味，但我始终坚信孩子有自身的成长规律，我能做的就是尊重孩子成长自身的规律，尽最大努力满足他的意愿。没想到，这一天悄无声息地到来了。

回首小龙过去四年的走路时光，真有一种说多了都是泪的感觉。尤其是三岁前的时光，那段时间真是把我累成了狗。小龙一岁就会走了，在刚学会走路的那段时间里，他每天都蹦蹦跳跳，来来回回地跑，好像不知疲倦一般，即使我担心累着他，主动说要抱他一会，他也会拒绝我的帮助，自顾自地跑。

记得那一年夏天，我跟先生带他去北海公园爬白塔时，他坚持要自己爬上去，撅着屁股，两手趴着楼梯，一步一步地向上爬。跟在他的身后，看着他小小的身影，我是那么地心疼，但我知道他正在体验爬的感觉，正

第四章 解读男孩表达爱的行为，懂爱的男孩更幸福

在努力证明自己，只好放手让他去爬。

可是，那段轻松时光很快就过去了。大约在小龙一岁半以后，每次出门都要我抱，我每次都熬不过他又哭又闹地求抱抱。所以，即使汗流浃背，我也会尽最大努力满足他的抱抱。记得有次抱着他走在人行道上，爸爸拎着东西跟在身后，一个老太太看到这一幕，不由得说道："你看这孩子，爸爸长得人高马大，妈妈这么瘦小，不让爸爸抱，还非得让妈妈抱。"

听到阿姨这句话，我眼泪差点滑出眼眶。这就是当妈的无奈，孩子才不管你矮小，或者柔弱，要妈妈抱就是要妈妈抱。最无奈的是，你拼尽全力满足孩子的意愿，却得不到家里人的认可，还觉得这都是你惯出的毛病。

曾经，家里人也常说这都是我惯出的毛病，孩子自己都会走了，还要抱抱，看人家哪个哪个孩子，从不让妈妈抱。

有时候，已经筋疲力尽的自己听到家人这样的话，怒火腾腾地在胸腔蔓延，也真想吼孩子两嗓子："自己都会走路了，还让妈妈抱，你想把妈妈累死啊！"

可是，每次一看到他那无辜的眼神，一想到他要抱抱肯定有自己的原因，我又平和了下来，尽最大努力抱着他走。而且，孩子能抱的时间其实也就这么几年，长大了，你想抱他，他还觉得不好意思。就这么安慰自己：能抱就抱吧！

当然，抱归抱，在我实在抱不动时，我也会想办法让自己歇会儿。最经常做的事就是利用走路的时间跟他玩游戏。比如，踩影子，我们互相踩着影子走；开火车，他走前面，我拉着他的衣服跟着走；设定目标，让他跑到前面那个路口或者那棵小树那里，妈妈就抱他，先让妈妈休息会。在

蹦蹦跳跳的过程中，他好像忘记了不愉快，也忘记了疲惫，开开心心地走了起来。我自己也松了一口气，终于把自己解放了出来。这样坚持到了两岁半。

两岁半左右，小龙学会了骑滑板车。从那以后，每次出门都带着滑板车，他在前面骑，我在后面跑。虽然跟跑也很累，但比抱着他好多了。寒冬也总算迎来了春天。

快到三岁时，小龙突然一改常态，每次出门时，不再要求妈妈抱抱，而是直接扑进爸爸的怀里，要爸爸抱，或者坐在爸爸的肩头。那一刻，我大感欣慰，觉得孩子终于懂得心疼妈妈了。事实上，孩子只是跟妈妈完成了分离，而接下来是要努力跟爸爸完成分离。

从那以后，每次只要爸爸在场，就必须要爸爸抱。爸爸不在场，就自己走。最有意思的是，一定要爸爸抱，即使说让妈妈抱一会儿，他也不愿意。这也让爸爸苦恼了很长一段时间，觉得儿子总是故意为难老子，即使长得人高马大的大男人，抱孩子抱上一段距离，也会累得气喘吁吁，毕竟孩子也有三十多斤的体重，不是几斤几两的事。所以，每次在小龙爸爸坚持不下去或者抱怨时，我总是鼓励他说："他要你抱，你就抱抱呗！前三年那么累，我都坚持过来了！"所以，小龙爸爸大多数时候也尽力满足他。

不过，小龙爸爸也从小龙三岁前的成长中获得了一些经验。比如，自己实在抱不动时，就跟小龙玩小小侦探游戏、小小敲门员游戏，比赛看谁先到门口，通过游戏让自己歇一会儿。

转眼两年时间过去了，小龙爸爸也等到了春天的到来。孩子出门再也不像以前那样求抱抱了，大多数时候都自己撒着欢地跑。

妈妈烦恼一扫光

每次看见小龙背着书包在前面跑，我就慢慢理清思绪。其实，孩子明明会走路了，却仍然要求妈妈抱抱这种行为是多么正常，只是我们父母大多数时候都站在自己很累的立场来评判孩子，觉得孩子偷懒，无理取闹。

其实，孩子会走仍要抱抱这种行为并不是我们以为的偷懒。孩子这种行为需要从两方面来理解，一方面是生理需求，众所周知，孩子5岁以前，他的骨骼还没完全发育好，很多时候走的时间长了，就会感觉到腿酸。基于自己的认知与感觉，孩子会本能地拒绝走路，转而向父母寻求抱抱。

也许父母会问，那他刚学会走路为啥会走得那么欢。这也不难理解，孩子在迈步离开妈妈的怀抱，脚踩大地时，他对这个世界充满了好奇，迫切地想去探寻这个世界的一切。所以，他丝毫不知疲倦。

而且，孩子一岁半自我意识开始发展，意识到"我"的存在，慢慢意识到"我的感觉"。所以，当孩子感觉到累时，就充分说明他已经有了"累"的感觉。父母应该肯定孩子这种感觉，而不是去否定孩子的感觉。

在生活中，经常听到老一辈说："小孩子家家，累什么累。"其实，孩子不知道累并不是好事，不知道累就永远不懂得休息。所以，当孩子说自己走路累时，父母要尽量满足他的意愿。

另一方面是心理需求。对孩子来说，抱抱就等于关爱。换句话说，孩子通过求抱抱来确定父母对自己的爱。当他完完全全确定父母爱他时，他就获得了充足的安全感，从而真正走向独立。

一项研究发现，70%的孩子都热衷于父母的拥抱。30%的孩子在其一生都觉得需要父母的怀抱。孩子除了感觉累以外，当他在探索外界感受到了不安全时，就会通过求抱抱获得安全感，当他感觉安全时，才又会继续出发。

一般来说,孩子3岁前主要与妈妈完成分离焦虑。像小龙,3岁就不再要求我抱抱,转而投向爸爸。看似没有缘由,实质上,跟妈妈完成了分离焦虑,就要准备跟爸爸完成分离。完成分离,必然要通过感受爸爸怀抱的温暖,确认爸爸是爱自己的。

一般来说,3~6岁正是儿子与爸爸完成分离的重要时期。孩子正是通过这种安全感与分离来认同爸爸,或者以爸爸为榜样,形成人格独立,从而进入同性世界。

爱是人格独立,情感依赖。所以,我们不要急着把孩子推出我们的怀抱,先让他获得足够的安全感,再走向真正的独立。当然,父母也不能一直抱着孩子,甚至当孩子自己要下地走路,父母也紧紧抱着孩子,不让孩子独立行走,那会破坏孩子的人格发展,从而形成依赖症。

亲子互动:爱的抱抱

"你都这么大了,还让妈妈哄你睡觉?好吧,现在好好抱抱你,等你长大了,妈妈再抱你,你媳妇就要生气了!"

"你就管现在,不要管1、2、3、4、5、6、7、8、9、10、11、12、13、14、15、16、17、18、19年以后的事了!再过19年,我就成人了,对吧?"

"正解!"

2 "妈妈,我爱你"
——爱之初,情真切

妈妈育儿事

"妈妈,我爱你!"一天早上,我刚给小龙剥完鸡蛋,正准备剥自己的鸡蛋时,小龙那句"妈妈,我爱你"突然传进我的耳朵里。

第一次从小龙嘴里听到这句话,我的心怦怦地跳了起来,一时愣在原地,好一会儿才回过神来,然后微笑着回应:"妈妈也爱你!"

小龙听到我的回应,心满意足地拿起鸡蛋吃了起来。从那以后,小龙总会时不时地向我表达爱意,经常把"妈妈,我爱你"挂在嘴边。每次听到他甜甜的"表白",我的心里就像吃了蜜一样甜,那一刻真觉得为他吃的苦、受的累都值了。

按理说,每一位妈妈听到儿子的"表白",都应该像我这样感到幸福。让我没想到的是,有些妈妈听见就像没听见一样,反而还说:"说什么爱不爱的呢,丑不丑?"

那时,小龙有一个小伙伴,4岁多,有一天,我们带着孩子一起在楼下玩。玩着玩着,那个小男孩突然跑向妈妈,大声说道:"妈妈,我爱你!"

听着小男孩的"表白",我的内心不由自主地涌起一阵激动。没想到，那位妈妈毫无反应，只是把水杯拿出来给小男孩喝。

小男孩不死心，又提高嗓门说道："妈妈，我爱你！"

妈妈这次有反应了，不过，她没有回应儿子"妈妈也爱你"，而是很不好意思地回答说："说什么爱不爱的呢，丑不丑？"小男孩听完妈妈的回答，终于不再说什么了，而是一脸沮丧地朝小龙跑去。而妈妈则埋头整理儿子喝过的水杯，丝毫没有注意到儿子脸上那沮丧的表情。

妈妈烦恼一扫光

我看得出来，这位妈妈非常朴实，属于那种腼腆型妈妈，"爱在心中，口难开"。因为自己不擅长表达爱，所以，对儿子的"表白"也不接纳。

殊不知，她的一句"说什么爱不爱的呢，丑不丑"，让那个体验到爱，并且尝试用语言来回馈爱的小男孩受到了巨大打击。

一般来说，当一个男孩被母亲浓浓的爱包围时，母爱就滋养了他的心田，他慢慢地感受到了爱，体验到了爱，爱的种子就在他的心中生根发芽，他慢慢意识到有一种感觉是爱，就会模仿妈妈的语气说："妈妈，我爱你。"

一句"妈妈，我爱你"是孩子爱的语言表达，而爱又是情感发展的源头。当孩子心中这颗爱的种子不断发芽时，孩子才能学会爱自己，爱别人，爱世界万物。

所以，当男孩表达爱时，妈妈应该及时给予回应。这种回应给予男孩肯定，男孩就会大受鼓舞，不仅会肯定自己心中的爱，还会继续展现这种行为。相反，如果孩子最初向父母展示互动的行为时，如果长时间没有得到父母的回应，或者去指责孩子，孩子就会慢慢地丧失这种行为。

就如上面那位妈妈一样，不仅忽视儿子那句"妈妈，我爱你"，还用略带责备的语气阻止儿子爱的表达。

也许从那以后，小男孩认为向自己爱的人表达爱是一件蒙羞的事，因此不再向任何人表达爱。

即使将来他长大了，到了谈婚论嫁的年龄，无论他多么爱一个女孩，他可能都会选择默默地放在心里，而不敢大声说出来，以致错过良缘。

男孩从小跟妈妈的相处模式决定了他长大后跟妻子的相处模式。当他成家以后，他也会"爱在心中，口难开"，吝啬向妻子、向孩子表达爱。

爱是一种伟大的情感，无论爱与被爱，那种感觉都是美妙的，一如绘本《活了一百万次的猫》里讲述的那样，因为体会到了爱的美妙，才觉得生命有意义。

然而，大多数中国人都是内敛的，常常"爱在心中，口难开"。有些人因为害羞，不愿意说爱；有些人即使鼓足勇气想表达爱，也是哽在喉咙，说不出来，即使努力表达爱，也只是直白和干巴巴地表述。

所以，在大多数家庭里，无论父母与孩子，还是丈夫与妻子，大家都很少向对方表达自己的爱意，更多的是不断地指责、抱怨对方。虽然初心是爱对方，希望对方好，但爱在指责声中慢慢就变了质，变成了"挑刺"，根本无法让对方感受到你的爱。

究其原因，我们从小就被灌输了一种思想——"表达爱是一件可耻的事"，爱无以言表，尤其是男人，更是以"父爱如山一样沉稳"来形容。所以，男人更难以将爱说出口。

每一个人其实都需要爱，感受爱、体验爱、学会爱人对男孩来说都非常重要，但正确表达爱更难能可贵。所以，作为父母，要从小培养男孩学会正确表达爱，那么如何引导男孩学会正确表达爱呢？

（1）父母经常用语言向孩子表达爱

孩子从一出生就用哭来表达自己的内心需求，所以，当孩子哭时，父母要走向他、安慰他，给他爱的抱抱。让孩子感到自己是无条件被爱的，这种爱将滋润孩子的心田，让孩子感受到爱，体验爱。而且父母这种无条件的爱会衍生出安全型依恋关系，让孩子感觉到安全，并相信父母。这种依恋关系将影响到孩子成年后建立亲密关系的能力。

父母除了有爱的行为以外，还要用语言表达自己的爱。无论什么时候，妈妈都可以经常对孩子说："妈妈爱你。"当孩子把自己心中体会到的爱与妈妈的爱的表达结合起来时，他慢慢就懂得用语言来表达自己对妈妈的爱。

（2）孩子表达爱时，父母要及时给予回应

当孩子对妈妈说："妈妈，我爱你。"妈妈要及时给予孩子回应，让孩子为自己勇敢表达爱而欢喜。切不可用责备的语气阻止孩子表达爱，更不能像上述事例中的妈妈那样，让孩子认为表达爱是一件蒙羞的事。

（3）通过绘本给孩子讲解爱

有一本绘本《猜猜我有多爱你》，父母可以带着孩子一起读这本绘本，在浓浓的爱中，彼此一起来练习爱的表达。

亲子互动：比一比，我有多爱你

"妈妈有这么爱你！"跟小龙读完绘本《猜猜我有多爱你》后，我像兔子爸爸那样张开手臂说道。

"妈妈，我有这么爱你！"小龙也张开手臂。

"你的爱没有我的爱多，我的爱有这么多。"我向上举起双手。

小龙看了看，立即爬到我的办公桌上说："妈妈，我现在比你高，我的爱比你的爱多。"

我忍不住了，想起朋友圈一位孩子说他的爱比妈妈的头发还多，数也数不清。我也依葫芦画瓢说："我的爱比你的头发还多，数也数不清。"

"妈妈，我的爱散布在全宇宙，你在哪里都可以感觉到我的爱。"好吧，我终于被说服了，给了他一个大大的抱抱。

3 不愿扔破旧玩具
——不是抠门，而是念旧

妈妈育儿事

小年那天晚上，我工作了一天，从卧室走了出来，看到小龙正在客厅玩他的玩具，垫子上摆着各种各样的玩具，奥特曼、怪兽、积木、火车、汽车……看到这杂乱无章的一幕，我不由得想提醒他："玩具玩了要记得收起来哦！"

话到嘴边，我又突然想起小时候每年过小年都会打扫卫生。于是，我蹲下来改口说："你这些玩具好长时间都没有清洗了，我们一起来把它们清洗一遍怎么样？"

"好啊，妈妈，我跟你一起洗。"

"在洗这些玩具前，我们要先把坏的玩具清理出来。坏了的，就不用洗了。"说完，我把所有玩具全倒了出来，一样一样清理，把缺胳膊少腿的、没有声音的玩具都统统清理了出来，再把那些还能玩的玩具统统放进卫生间，再用开水浸泡。

在玩具浸泡的这段时间里，我又找来一个大袋子，把那些清理出来的玩具放了进去，并将它提到了门边。就在我做这事时，小龙各种不高兴，一会儿说："我要喝水！"水还没端来，他就发脾气，爷爷喊他，他也不应。见他一脸不高兴，爷爷不由得开玩笑说："你看这孩子怎么搞，抠门得不行了，啥东西都舍不得扔。"听到爷爷这么说，小龙更加不高兴了，坐在沙发上撅着嘴，生闷气。

看到他这样，我蹲下来说道："你不想扔掉这些坏了的玩具，是因为你觉得它们是你的小伙伴，对吗？"

"对！"小龙哇的一声哭了起来，大滴大滴的眼泪从他乌黑的眼睛里滑落出来，好像受了无尽的委屈一般。

我伸出手，把他抱进了怀里，轻声说道："妈妈知道，这些破旧玩具就像《头脑特工队》里的冰棒一样，带给你许多快乐，也许你也曾像莱莉那样，也曾幻想带着它们一起去月球探险。"

"妈妈，我们可以不扔掉它们吗？我们把它放在家里的一个角落里！"小龙仿佛得到了理解，伸出小手，一边擦眼泪，一边说。

"好，妈妈知道了！妈妈答应你，我们把它放在那个角落里！"说完，我把那袋子破旧玩具放在了客厅的角落里。小龙这才停止了哭泣，虽然眼角泛着泪花，又跟我一起去卫生间洗那些还能玩的玩具。

妈妈烦恼一扫光

我相信大多数妈妈可能都曾有过我这样的经历：给孩子买了一堆玩具，玩了一段时间，有些完好无损，有些已经缺胳膊少腿，有些没有了声音，有些已残破不堪……面对这些破旧玩具，大多数父母的第一反应是把它们清理出来，拿去扔掉。可是，孩子却哇哇大哭，说什么也不愿扔掉。很多家长都觉得孩子抠门，连一堆垃圾都不愿扔掉，也常常被孩子的哭声弄得心烦不已，恨不得连孩子一块丢出去。

其实，在我们父母眼里，那就是一堆垃圾，因为嫌弃，我们迫不及待地想把它们清理出去。一旦扔了出去，家里敞亮了，干净了，整洁了，我们心里就舒坦了。可是，对孩子来说，那却是一堆宝贝，他们舍不得扔，虽然不一定会玩，但仍然希望能天天看着它们。

如果父母了解了"儿童泛灵论"这一概念，就不难理解孩子这一行为了。"儿童泛灵论"即儿童把无生命物体看作是有生命、有意向的东西的认知倾向。在他们看来，玩具、衣服以及桌子、沙发其实都有生命，他们会与它们对话，在想象力发展起来时，他们会想象带它们到处去游玩。在这个想象的过程中，这些看似无生命的东西慢慢就成了他们的伙伴，并且建立起了一种友情。

大家还记得《头脑特工队》里的冰棒吗？冰棒是莱莉童年时期的幻想伙伴，莱莉3岁时，总是坐着冰棒的四轮歌声驱动火箭车到处冒险，留下了很多欢乐时光。但随着莱莉的成长，冰棒被留在了长期记忆区。

可见，每一个孩子的童年都曾有一个像冰棒这样的朋友，他们难舍的不是这些玩具，而是一种情谊与那段很有纪念意义的快乐时光。把这种感觉放大到我们成人世界，可以理解为"念旧"。这种情谊的成长会让他们成为有情有义的人，而不是冷血无情之辈。

所以，当父母知道孩子的这种心理之后，更多的应该涌现出感动与成全。面对孩子的那些破旧玩具，尽量不要当着他的面扔掉。当很长时间没有看见这些玩具时，孩子慢慢就会将它们遗忘。

当然，我们有时候也可以编一个故事，比如，我跟小龙编了一个故事：这些汽车因为缺了轮子，它没法跑起来了。所以，它必须回到一个大熔炉去。在大熔炉里，有叔叔会帮它重新安上轮子，甚至还可能将它变身成一个钢铁战士。等到它真正变身成功时，它又会回到小朋友们的手中，跟小朋友们愉快地玩耍。

"那我还能见到它吗？"

第四章
解读男孩表达爱的行为，懂爱的男孩更幸福

"当然可以啊，到那时你正喜欢变身汽车，它就又来到你身边了。"

虽然小龙在尝试着理解，但他还是不能完全答应。所以，那袋子破旧玩具一直放在了那里。后来，不知道什么时候，也不知道谁把它扔了出去。不过，小龙好像一直没有发现。这事就算这么过去了。

之所以写出这一小节，就是希望父母多给孩子一些理解，不要硬碰硬地逼迫孩子就范。孩子的世界充满了爱与关怀，我们需要做的是走进孩子的内心，多听听他们内心的感受。

亲子互动：玩具去旅游

记得有一次，小龙的一个玩具不小心丢了，他哇哇大哭。我理解玩具对他来说，就像他的小伙伴一样。于是借用电影《玩具总动员》的场景跟他探讨说："妈妈觉得这个玩具去旅游了，它想去看看外面更加精彩的世界。"

"那它去哪里了呢？"小龙问道。

"我猜想它去游乐园玩了。"

"妈妈，我觉得它去公园玩了。"小龙一下来了精神，继续说："它还可能去找它的小伙伴玩了。"

"嗯，也许它有一天还会回来找你玩。所以，你不用伤心！"听我这么一说，小龙立即破涕为笑了。

4 "我要跟XXX结婚"
——婚姻敏感期来临

妈妈育儿事

小龙幼儿园举办结业活动时，他的一个女同学琴琴的妈妈给我讲了一件特别有趣的事，她一边笑，一边说："上周末，我在收拾屋子，把结婚时的鞋子找了出来。依依看到后问我：'妈妈，这是你结婚时穿的婚鞋吗？'我回答：'是的。''妈妈，我长大了要跟小龙结婚。'真是把我笑死了，她竟然有这样的想法。"

我笑着回答道："她的婚姻敏感期来了，小龙去年不是也说要娶琴琴吗？我当时还逗他玩呢，我说：'妈妈不让你娶，怎么办？'

'不行，我必须要娶她。'

后来，我故意试探性地问他：'妈妈跟老师，谁漂亮啊？'

'老师漂亮！'

'那老师跟琴琴，谁漂亮啊？'

'琴琴漂亮。'

当时，我的那颗玻璃心碎了一地啊！"

听我说到这里，琴琴妈妈也笑了。我又说道："孩子这种婚姻敏感期其实就像我们小时候玩过家家游戏一样，我扮新郎，你扮新娘。"

"孩子的世界真有趣！"琴琴妈妈笑着说。

妈妈烦恼一扫光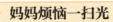

是的，孩子就是这么有趣，当我们以为他们什么都不懂时，他们已经学会"早恋"了。很多妈妈都觉得不可思议，其实，孩子在3岁左右时，随着性别意识敏感期的出现，他的婚姻敏感期也悄悄来了。

一般来说，孩子大约5岁时，他们开始对人群组合产生兴趣，开始探索人们各种组合形式，尤其对父母的婚姻特别感兴趣，开始问父母一些问题，比如，爸爸和妈妈为什么要结婚？爸爸和妈妈又是怎么结婚的？

当他们理解了爸爸妈妈因为爱而结婚时，他们就会与自己喜欢的异性小朋友"结婚"，并形成相对稳定的朋友关系。这就是婚姻敏感期的缘由。

我在《我谁也不娶，只娶妈妈》这篇文章里写到小龙在上幼儿园之前，执意要娶妈妈，当我告诉他爸爸已经娶了妈妈时，他伤心得又哭又闹。后来，当小龙上幼儿园以后，他接触到了漂亮而又温柔的老师，便把注意力转移到了老师身上。不过，他很快又发现，同龄的女孩子跟他在一起玩更有趣。所以，他又把注意力转移到了同龄的女孩子身上，进而萌发了要娶对方的想法，由此婚姻敏感期宣告真正到来。

当我敏锐地捕捉到他的婚姻敏感期来临时，立即从网上买了一套绘本《鳄鱼爱上长颈鹿》《搬过来，搬过去》《天生一对》。拿到书以后，他一遍又一遍地让我给他读，那段时间，小龙几乎每天晚上都要读其中的一本。他特别对《搬过来，搬过去》感兴趣，尤其是鳄鱼与长颈鹿的新家，几乎每一个地方都要用手指指一遍，那专注的表情仿佛正在构建自己的新家。

不过，当我们沉浸在有趣又好玩的世界里时，更要注意培养孩子保护自己的身体以及尊重对方的身体的意识。

与婚姻敏感期同步发展的还有性别意识敏感期，因为这份喜欢，孩子们也对对方的身体特别感兴趣，女孩会思考男孩为什么有小鸡鸡，为什么要站着尿尿；而男孩则会思考女孩没有小鸡鸡怎么尿尿，又为什么要蹲着尿尿。所以，我们在引导孩子认识男女身体差异时，更要告诉他不允许别人碰自己的身体以及自己不能去碰别人身体的重要性。

去年小龙在与琴琴玩的过程中，总想要去拽琴琴的裙子。当时，老师拍视频发到群里，我意外注意到了他这一动作。那天晚上睡觉前，我就跟他一起读《小鸡鸡的故事》，在读到"小便和大便的部位，是不应该让别人看的"时，我就跟小龙探讨："你的小鸡鸡能让别人看，能让别人摸吗？"

"不能！"

"那你能看或者能摸别人的私密部位吗？"

"不能！"

"对啊，凡是衣服盖住的地方，我们既不能让别人碰，也不能去碰别人衣服盖住的地方，我们要尊重别人的身体，对不对？"

"对！"

"那你可以拽琴琴的裙子吗？"

"不可以！"

"那可要记清楚了！"从那以后，小龙再也没有去拽琴琴的裙子。

值得注意的是，当我们得知幼儿园的孩子"早恋"时，我们的心里总会有一种调侃的心理。比如，经常用戏谑的口吻问孩子"你长大了要娶谁啊？""你跟×××打算什么时候结婚啊？""你再不去上学，×××就不喜欢你了，不跟你结婚了"……

第四章
解读男孩表达爱的行为，懂爱的男孩更幸福

正常情况下，处在婚姻敏感期的孩子很纯真，因为喜欢，只想单纯地在一起开心地玩耍。如果大人总是用戏谑的口吻去强化孩子的观念，那么无形中就把成人的世俗想法传递给了孩子，比如，结婚就要办婚礼啦，要入洞房呀！从而影响孩子的身心发展。

婚姻敏感期是孩子对同龄孩子的情感与爱意的初次显现，面对幼儿园孩子"早恋"，我们别太惊讶，也别心生恐惧。爱是一生都需要学习的能力，要让孩子学会感受爱的美好，让爱永远滋润他的心灵。

亲子互动：假想游戏：你扮新娘，我扮新郎

一天，小龙拿着两个布娃娃一边玩，一边自言自语地说："你是新娘，我是新郎，我们结婚了！"

听到小龙的自言自语，我想起自己小时候也跟小伙伴玩过家家的游戏，他们现在没有小伙伴一起玩，只能用布娃娃代替。

于是，我蹲下来跟他说："他们怎么结婚的啊？"

"他们会举办婚礼啊，他们都穿着漂亮的衣服，还放着音乐，有好多人来吃饭呢。"听他这么说，我想起曾经带他去参加过朋友的婚礼，看来他都记住了。

5 两小孩玩亲亲
——模仿成人行为的结果

妈妈育儿事

有一天晚上，小龙悄悄地附在我耳边说道："妈妈，告诉你一个秘密，婷婷今天亲我嘴巴了。"

"啊？"听到这个消息，我的嘴巴完全张成了一个"O"形，惊讶之余，脱口而出："妈妈不是说，不能亲嘴巴的吗？爸爸妈妈都不亲你嘴巴！"

"妈妈，是婷婷亲我的，我又没有亲她。"小龙立即反驳道。

一见他的表情，我立即意识到自己有些小题大做了，于是，我抱着他说道："小朋友之间可以亲亲脸蛋，但不能亲嘴。"

"妈妈，我知道了！"小龙说完，就跑去玩了。

那天晚上，我翻来覆去难以入睡，一直在思考要不要把这件事告诉婷婷妈妈。在孩子婚姻敏感期的特殊时间里，他们迫不及待地用行为表达自己的情感，这是纯粹而美好的。对父母来说，我们应该去呵护孩子心中爱的萌芽，呵护孩子的情感表达。可是，他们毕竟是孩子，抛开男女有别不说，有些成人行为是不被允许的。在这个特殊时期，身为父母的我们更应该让孩子明白"什么可为，什么不可为"。

就在我思来想去时，小龙爸爸说："快睡觉吧，别想了。"

"我觉得我应该把这件事告诉婷婷妈妈。"

"人家都是女孩找男孩家长，你这倒好，男孩家长还找上女孩家长了，你让人家怎么想！"

我反驳说："这不是家长之间的面子问题，是孩子成长的问题。我觉得婷婷妈妈不会这么认为，我觉得我们都能正确面对这个问题。"

这么想着，第二天早上，我就跟婷婷妈妈发微信说了这件事。在那个周末，我们又见面聊了聊。

婷婷妈妈跟我的看法一致，在呵护孩子纯粹而美好的爱的萌芽时，更要告诉他们"什么可为，什么不可为"，并说出婷婷这一行为的由来。

"婷婷确实有这样的行为，我也看到过，我还经常把她拉进屋里说过这事。"

"从小就得告诉孩子，可以亲脸蛋，不可以亲嘴啊！"

"我也告诉过她，她一直都是亲我们脸蛋，但她最近就是模仿电视里的行为。有一次，姥爷姥姥看电视，看到两个人正在亲吻，她就问：'这两个人在做什么？'我回答说：'亲吻。'后来，她就学会了。"

"小龙也问过我，但我回答的是：'他们在亲吻，不过，这种行为必须得等两个互相喜欢的人长大了才可以进行。你看，他们是不是大人？'

"他回答说：'是！那要长多大？'

'得长到爸爸妈妈这么大。'我说。

'哦！'"

"我就是没说后面这一句话。"

我笑着说："后面这句话太重要了。"

"是！我昨天还跟婷婷爸爸说呢，人家都是女孩妈妈找男孩妈妈讨说法，说自家女儿被占了便宜，我们这倒好，还反过来了。"婷婷妈妈笑着说。

我也笑着回答："还真被小龙爸爸说中了，我思来想去，觉得我们应该正确面对这事。在孩子这种行为刚开始时，如果不引起重视，不给孩子立好规矩，等孩子长大了，就不好管了，女孩子更是这样。"

我们看着那两个在游乐场里玩得很嗨的小朋友，就这样开启了聊天模式。

妈妈烦恼一扫光

胡萍教授在《善解童贞3：孩子的爱情》中写道，孩子6岁前会经历口欲期、肛欲期和生殖器期获得的性发展，在这个发展过程中，孩子玩性游戏、摩擦生殖器、将父母作为性对象，体验身体的性唤起和性兴奋……

这个阶段的孩子以"自我为中心"为特点，不顾一切，也毫无拘束地任由生命的性本能自然发展，为个体未来的生命建构起了性发展的基础模型，在这个发展的基础上，孩子就进入了性发展的潜伏期。

弗洛伊德认为，个体的性发展进入潜伏期后，蕴藏于儿童生命中控制性冲动的精神力量开始逐渐发展起来。他在书里写道："精神力量的发展开始抑制（儿童的）性生活，它就像一道河堤，引导它走向狭窄的河床，这些精神力量包括了厌恶感、羞耻心以及道德和审美上的理想化要求。"

随着孩子婚姻敏感期的来临，他们在探索结婚这件事，在努力表达自己的喜爱之情时，他们的性本能也在自然而然地发展。

在孩子的性本能即将进入潜伏期的关键时刻，父母给孩子的引导尤其重要。要明确告诉孩子"什么可为，什么不可为"，父母只有给了孩子明确指示，孩子才能有效地发挥自己控制性冲动的精神力量。

在这个开放的时代，孩子无意中接触到越来越多的成人行为。如果父母不进行正确引导，这道河堤一旦决堤，孩子将不受束约，而任由性本能发展，那么后果将不堪设想。

所以，面对小朋友之间玩亲亲的游戏，家长纠结的不应该是谁占了谁的便宜，而应该一起探讨怎样给孩子一个正确的引导。

记得曾在网上看到一则消息，因为一个小男孩亲了一个小女孩，结果两位家长就在群里炸开了锅，互相指责对方没教育好孩子。

其实，对孩子来说，他们更多只是模仿，并不明白"亲吻"意味着什么，更没有"占便宜"的意味。

那么在孩子即将进入性的潜伏期时，父母应该怎样正确引导孩子呢？我总结出以下几点与大家分享：

（1）父母不应当着孩子的面亲吻

现在的时代越来越开放了，很多父母一激动，就当着孩子的面亲吻了起来，自然而然就让喜欢模仿的孩子开始模仿起来。

虽然说"父母给孩子最好的爱就是爸爸爱妈妈"，但爸爸爱妈妈的方式也要注意分寸，自己要先做好榜样，可以拥抱，可以亲亲脸蛋，亲亲额头，但不能当着孩子的面亲嘴巴。

父母是孩子最好的榜样，父母要教孩子"什么可为，什么不可为"，明确告诉孩子:"你跟小朋友可以牵牵手,可以拥抱,可以亲亲脸蛋,但不可以亲嘴,也不可以碰小朋友衣服盖住的地方。"从小给孩子一个身体界限,才能让孩子明白"什么可为,什么不可为"。

(2)正确解释电视里的"亲吻"行为

在这个开放的时代,越来越多的电视画面有结婚、亲吻的行为,当孩子问起"亲吻"的行为时,父母在回答孩子时,不仅仅要说出这种行为的名称,还要明确告诉孩子,这种行为必须得等两个互相喜欢的人长大以后才可以进行。

孩子喜欢模仿成人,以此来认知世界,所以,我们必须正确给出指引,而不是像婷婷妈妈那样,只说了前半句,却不说后半句,这样容易误导孩子。

(3)面对孩子玩亲亲,给予正确引导

当家长发现孩子在幼儿园玩亲亲时,本着为孩子更好地成长的心理,双方家长应该坐下来好好交流,看看如何更好地避免孩子做出这种行为,而不是互相指责,骂对方小流氓。

当家长互相指责时,无意中就破坏了孩子爱的萌芽,这会让孩子产生罪恶感,甚至会影响孩子将来的婚姻。爱的萌芽十分可贵,父母要在呵护孩子爱的萌芽的基础上,给予孩子正确引导,帮助他们正确表达自己的情感,约束自己的行为,让孩子更加健康快乐地成长。

第四章
解读男孩表达爱的行为，懂爱的男孩更幸福

亲子互动：亲亲讨论

"妈妈，他们为什么要亲嘴啊？"一天，小龙看到电视里一对恋人出现亲密行为时，突然问道。

我先是一愣，随即淡定地回答道："因为他们相爱啊！"

"妈妈，那我也可以亲女孩吗？"他闪烁着一双无辜的眼睛问道。

"不可以，你没看见他们都是大人了吗？等你长大了，长到大哥哥（20岁）那么大时，你才能亲你喜欢的女孩。"

"哦，那我现在可以亲你吗？"

"你可以亲我脸蛋，但不能亲我嘴巴！你看妈妈都亲你脸蛋！"说完，我给出了一个示范。

第五章

听懂男孩的"弦外之音",
培养会说话的男孩

Chapter 5

1 男孩说话晚
——语言中枢成熟相对较晚

妈妈育儿事

在同龄的男孩中,小龙说话算是比较早的,七个多月时,就有意识地叫"爸爸",八个多月时有意识地叫"妈妈",一岁叫"爷爷"和"奶奶",一岁三个月叫"阿姨"等称呼,一岁半时就能连词成句。

即便如此,与他表姐比起来,小龙依然算说话晚的。记得在他一岁三个月以前,全家人都说他不如他表姐,他表姐不到一岁都能说好多话了,比如,"馒头""阿姨"等词。他二姑父甚至还笑称"他是聪明的一休,但就是一个小哑巴,一岁了还不说话"。

每每听到这样的话,我都很生气。每朵花都有自己的花期,男孩说话本身就比女孩晚,怎可同日而语。所以,我当场反驳:"他只是没到说话的时候而已,等他会说话了,天天叫二姑父,把你的耳朵叫得起茧。"

果不其然,小龙一岁三个月时,迎来了语言爆发期,自从喊了声"阿姨"后,所有的语言就像火山爆发一样,全部喷发了出来。

大多数女孩都像小龙的表姐一样,一岁左右就能开口说话,两岁左右就能说完整的句子,而大多数男孩两三岁都只能说"爸爸""妈妈"等简单词汇。

我侄子说话更晚，三岁只会叫"爸爸""妈妈"，四岁才会叫"姑姑"。虽然我们说什么，他都知道，也会用肢体动作来配合我们，但就是不说话。

我们一家人曾为此担心不已，生怕他是哑巴，但我经过仔细分析发现，他是缺乏丰富的语言环境导致的语言发展迟缓。

嫂子在侄子一岁时，就把他交给外公外婆带，自己来到北京打工。外公又在县里工作，舅舅去上学了，只有外婆每天带他，而外婆每天还有很多事情要做，很多时候都是他自己一个人玩。所以，他输入的词汇太少。

基于这种领悟，我刚怀小龙时，就开始对他进行了胎教。比如，看到漂亮的玫瑰花，我会告诉他："宝贝，妈妈看到了一朵漂亮的玫瑰花，这是火红色的。"听到火车路过时，我告诉他："宝贝，刚才发出轰隆隆声响的是火车，它就像巨龙一样，蜿蜒前进。"在吃苹果时，我也会告诉他："宝贝，妈妈现在在吃苹果，脆脆的，甜甜的。"……总之，整个孕期，我见到什么都毫无保留地告诉肚子里的他。

当小龙出生以后，我更是如此，只要抱着他，我都会不由自主地给他哼儿歌，背唐诗以及《三字经》。晚上睡觉时，还会给他讲故事，甚至还会把白天发生的事情编成故事讲给他听。

除了语言输入以外，我还经常跟他互动，比如注视着他的眼睛，学他"啊，啊，哦，哦"地发音。

我的付出很快就获得了回报。小龙一岁半左右说话还不是很清楚。记得有一天晚上，我像往常那样，给他背《三字经》，结果他却摆了摆手说："不背了，不背了！"我愣了好一会儿才反应过来，结合他的手势，终于读懂了他表达的意思。

我于是说道:"你叫我不要背了,难不成你自己会背了?"

让我惊讶不已的是,他竟然叽里呱啦地背了一段出来。我仔细一听,还真是"人之初,性本善;性相近,习相远"。

都说"妈妈的声音是世界上最美的声音",正因为有我这样用心的语言输入,给他创造了丰富的语言环境,小龙的语言能力发展虽然比不上女孩,却在同龄男孩中脱颖而出。

妈妈烦恼一扫光

男孩说话比女孩说话晚,一方面是因为男孩与女孩大脑发育的差异,另一方面则是受后天环境的影响。

因为女孩大脑中的语言中心——额叶和颞叶中的布罗卡区和韦尼克区比男孩发育得更早,而且女性大脑中有更多的神经纤维链和神经中枢被用来负责词语发音以及将经历、情绪和认知等以语言形式进行表达。正是这种大脑差异从根本上造就了女孩大多是"话痨",而男孩却是"金口难开"。

然而,人类是环境的产物,每个人的成长都受自身成长规律与环境的影响。所以,即使男孩说话比女孩晚,父母如果用心陪伴,那男孩也能滔滔不绝。那么父母如何促进男孩的语言发展呢?我觉得我们在尊重男孩与女孩大脑发育差异的基础上,唯一能做的就是努力为他提供丰富的语言环境。

（1）不断地进行语言输入

胎儿四个月时，他的听力就已经发展起来。所以，妈妈在怀孩子时，四个月就可以进行胎教。每天像我那样，把自己眼睛看到的美、心中感受到的美都告诉孩子，跟孩子进行对话。其次，一岁以前，既是孩子大脑发育最快的时期，又是听觉敏感期，还拥有潜意识记忆能力。妈妈不断地进行语言输入，孩子就能迅速掌握很多词汇。待词汇积累到一定时候，他就会迎来语言爆发期。

（2）经常跟孩子互动交流

互动交流有利于婴儿大脑神经元的发育。所以，父母除了多跟孩子说话以外，还要多跟孩子互动。比如，注视孩子的眼睛，学他"咿咿呀呀"地发音，还可以做很多互动游戏。比如，玩"哇"、击掌等游戏。另外，带孩子多接触一些人，努力给男孩创造互动交流的环境。

（3）把表达的机会留给孩子

在男孩会说话以后，未来的语言空间属于孩子，家长要尽量把表达的机会留给孩子，多给他一些耐心，多给他一些时间，让他自己去发挥。然而，有些家长只要见到孩子吞吞吐吐的，就迫不及待地教孩子跟人打招呼，甚至替孩子说。结果，父母说得越多，孩子就说得越少，剥夺了孩子用语言表达自己的机会。

人类习得语言是一种本能，是一种类似于吃饭睡觉的内在自然行为。所以，父母不要过于担心，努力给孩子创造丰富的语言环境，静候花开就好。

亲子互动

"叫gugu，gugu。"2008年回家，我看到三岁的侄子还不会说话，十分着急，便蹲下来，看着他的眼睛，给他示范发音。

"dudu！"在我再三示范下，他仍然发出"dudu"的音来。

在那段时间，我每天都跟他这样对话，我发现他慢慢就能掌握正确发音了。

2 说话结结巴巴
——语言跟不上思维的发展

妈妈育儿事

关于男孩说话这件事,确实让无数父母操碎了心。说话晚,父母着急;表达不清楚就哭,让父母头疼;说话结结巴巴,更是让父母急得像热锅上的蚂蚁……

有一天,一位妈妈给我发来微信说:"龙老师,我快崩溃了。我儿子这两个月说话总是结结巴巴的,我越是纠正,越是严重。我真的不知道该怎么办了。"

看到这位妈妈的信息,我立即回道:"你先别急,这两个月有没有发生什么事?"

"没有啊!一切都正常!他以前说话很流利,就是这两个月说话结结巴巴的。我心里本来就着急,奶奶每次还在那里说:'这要是成了结巴咋个办啊!'每次听到她这样的话,我就来气。"

"首先以前说话很流利,那就不会有太大的问题。你不要紧张,你如果紧张,无意识中就会把你的紧张、不安、焦虑带给孩子,孩子说话结巴,内心本来就很紧张了。你再紧张,就加剧了他的紧张与不安。其次,孩子的语言表达能力跟不上他的心智发展,他心里有很多想说的话,但又不知道用什么词汇来表达。所以,说话时难免吞吞吐吐的。越是这样,家长越要冷静地看着他,让他慢慢说话,不着急。最后,你要正常说话,不要刻意去纠正,即使孩子说错话了,你也不要去纠正,只需要把正确的句子说出来。也许过一段时间,他就正常了。"

没想到,回答完这位妈妈的问题几天后,小龙说话也开始结结巴巴的。记得那天放学回家,他兴冲冲地跟我说:"妈妈,妈妈,我今天哭了。"

"为什么哭了啊?"

"今天我们自由玩耍时,我正在搭积木,澈澈把我的积木推倒了,我很生气,就推了他一下,他也哭了。然后,然后,莉莉老师来了,她说,她说……"说不出来时,他自己也特别急,急得小脸通红。

听到小龙结结巴巴的话语,我突然意识到他正在表达一件事,而这件事需要连贯的思维。这就像我们写作一样,写清楚、写明白一件事,既需要丰富的想象力,又需要连贯的思维。对于4岁多的他来说,他的思维还处于形象思维阶段,所以,他需要边想边说。

一般来说,孩子在6岁时拥有的词汇量才能完整表达一件事。词汇量不够,语言表达能力不足,让他难以用语言来完整地表达一件事。这么一想,我心生欢喜。这是孩子多大的进步啊!于是,我盯着他的眼睛,很认真地说道:"慢慢说,不着急,你正在努力表达这件事。妈妈会耐心听你说完的。"听我这么说,小龙一下放松下来,继续讲述:"她说好朋友要互相理解,澈澈不是故意推倒我积木的……"

在那一个月时间里,小龙基本上处于这种情况,着急时说话就会结结巴巴的。奶奶也曾为此担心,我安慰她说:"没事的,这是孩子成长必经的过程,过一段时间就好了!"我一边安慰奶奶,一边又帮助小龙理清思维,在他吞吞吐吐讲一件事时,我听完后再从头到尾讲述一遍。

第五章
听懂男孩的"弦外之音"，培养会说话的男孩

果不其然，一个月后小龙就能流利地表达一件事或者一个故事。从那以后，他讲话时再也没有结巴过，反而讲得特别流利。

现如今，小龙简直就是对答如流，比如，我说："你再不睡觉，小心揍你大屁股！"

没想到，他立即回答："你揍我大屁股，我就放一个大臭屁，把你臭晕，你就打不了我了！"一句话说得我哭笑不得。

我说："爷爷做饭很辛苦，我们应该尊重爷爷的劳动成果，赶紧吃饭。"他一句话驳得我哑口无言："妈妈，我不饿，我吃两口就吃不下了，那不是更浪费吗？"

妈妈烦恼一扫光

现在的父母都特别焦虑，一看到孩子说话结结巴巴的，就特别着急，生怕孩子养成习惯，成了一个小结巴。所以，便用各种方式纠正男孩的说话方式。

一般来说，只要没有遗传因素与先天发育问题，大多数孩子都不会患上口吃。孩子之所以说话结巴，一方面是因为他的语言表达能力跟不上思维的发展，另一方面就是因为紧张。有时候父母越是纠正孩子，孩子说话越紧张，结果说话就越吞吞吐吐的。因为引导不当，孩子真的可能会成为一个小结巴。

我有一个画家朋友就是如此，记得第一次见他面时，他说话总是结结巴巴的。即使我集中全部注意力，也只能听懂一半。

后来，我特意跟他聊过这事，询问了他的童年生活。他说，"我妈说，我小时候说话并不结巴，只是后来跟别人学结结巴巴地说话，然后说话就一直结巴了，三十多年也没改过来。"

听了他的话，我忍不住偷笑了起来，这世上难道还真的有"邯郸学步"吗？不过，我还是抱着怀疑的态度问道："你妈是不是很强势，如果你说错话了，她是不是会打你？"

"是，你怎么知道？我小时候经常被我妈打。"他惊讶极了。

"这就对了，所以我觉得你可能是因为学别人结巴，结果，你妈就打骂你，造成你的内心特别紧张，也不够自信。你说话时是不是特别紧张？"

"确实是这样！"

"我曾经认识一位老板说话也说不清楚，不过，他说了一句话让我特别认同。他说：'我用心说话从来都是说给用心听我说的人听。'所以，他很勇于表达他自己。我也想跟你说这句话，你只管大胆地说你想说的话，不用在意别人怎么想。"

让我没想到的是，一年后再次见面，我发现他语言表达清楚了很多，而且非常自信。现如今，他跟正常人一样说话了。

首先，说话信心比说话能力重要。所以，面对孩子说话结结巴巴时，父母要明白：保护孩子说话的信心比说话能力更重要。无论孩子说得对还是错，敢于表达都是第一位的。

其次，父母要镇定，用耐心与安慰的话语缓解孩子内心的紧张。当孩子感到轻松自在时，他说话都像放鞭炮一样，噼里啪啦说个没完没了。

再次，父母不必去纠正孩子的说话方式，复述孩子的表达内容即可。既帮助孩子学会正确表达，又帮助孩子理清思绪，学会有条理地表达自己的想法。

最后，如果身边有人口吃的话，妈妈尽量让孩子少与他接触，毕竟孩子天生具备模仿能力，一旦模仿别人说话成了习惯，那确实很难改正。

第五章 听懂男孩的"弦外之音",培养会说话的男孩

亲子互动:练习慢慢说话

"妈妈小时候也有语无伦次的时候。记得有一次,你姥姥问我一件事,我脸涨得通红,吞吞吐吐地说不出来,结果越着急,越说不出来,越说不出来,越着急。"那天,我特意说了一件自己小时候的事。

"那后来呢?"

"后来,我就发现不是自己说不出来,而是自己太紧张了。所以,我就深呼吸,再慢慢说。不紧张,说话就流利了。"我之所以这样跟小龙交流,就是给他一种暗示,只要自己放松,说话就流利了。

3 说脏话
——正在理解脏话的意义

妈妈育儿事

有一年五月的一个周末,我跟先生带小龙去运河广场玩。当时,天色渐晚,但仍然有很多父母带着孩子在放风筝。

我们仰着头看了看飘在高空中的风筝,又低头看了看运河平静的河面。先生突然说:"你看,有一只风筝掉到了河里。"

我一听,一边转着头四处寻找,一边嘟囔着:"哪里,哪里呢?"

先生还没开口,小龙却来了一句:"你傻×啊!那不就是吗?"他一边说,还一边用手指了指那根风筝线。

我回过头来,愣愣地看着他,好半天没反应过来,一向以暖男著称的"小伙子"却突然骂我"傻×",简直给了我当头一棒。

这一棒打得我晕头转向,让我找不着北。不过,我按捺住内心的愤怒,努力让自己平静下来。

先生听到儿子这话,却在旁边直乐呵,大有一种幸灾乐祸的感觉。我狠狠地瞪了他一眼,径直走到小龙面前,蹲下身来,盯着他的眼睛问道:"宝贝,你知道'傻×'是什么意思吗?"

他摇了摇头回答:"不知道!"

"'傻×'就是很笨的意思,是一种骂人的行为,你骂妈妈'傻

第五章 听懂男孩的"弦外之音",培养会说话的男孩

×',妈妈心里很难过。骂别人,别人也会难过。下次不能说这样的话了,好吗?"我一口气说了出来。

"好!"小龙答应后,就蹦蹦跳跳地跑开了。

当他离开以后,我开始跟先生秋后算账:"你儿子那么骂我,你心里很高兴吧?"

"没有啊!我哪有高兴?"先生满脸笑容地否定着。

"我不管你有没有,从今天开始,我不想再从你嘴里听到'傻×'这两个字。"

"这又关我什么事?"

"关你什么事?我们家谁动不动地'傻×'脱口而出啊?你这一言语已经严重影响到了儿子。他现在正处于对脏话感兴趣的时期,你再不注重自己的言行,他全都学去了。"说完,便气呼呼地朝儿子走去。

这件事便到此结束。没想到,又过了一段时间,儿子竟然将"傻×"这两个字编成了儿歌。"哦,哦,为什么,什么,什么大傻×;哦,哦,为什么,什么,什么大傻×……"听到小龙唱这儿歌,我立即录了下来,并发给先生。

发完以后,我开始回想小龙最近这段时间的表现。比如,每天晚上,他跟我分享学校的新鲜事时,他总会说:某某小朋友说,要把屎拉在教室里;某某小朋友又说,他要站在桌子上尿尿。我当时并没有在意,觉得那很可能是他自己编的。现在想一想,原来他正在跟小朋友私下里交流这些不被大人说出口的问题。

除此以外,我们每次读绘本《爸爸带我看宇宙》,在读到爸爸踩到"臭狗屎"时,他都会格外兴奋,大笑着说:"哈哈,臭狗屎!"偶尔也会说爸爸"臭狗屎"。

我很清楚他对"屎、尿、屁"感兴趣，便常跟他一起读《呀！屁股》《呀，拉出了香蕉船》以及《爸爸带我看宇宙》。然而，我没想到的是，当他对"屎、尿、屁"感兴趣时，他也对脏话产生了浓厚的兴趣。

不过，很庆幸的是，先生听了小龙这首儿歌以后，略有感触地说："没想到父母的言行举止会对孩子产生这么大的影响，看来我以后得注意了！"

妈妈烦恼一扫光

听到他这句话，我很庆幸自己当时管理了自己的情绪，没有指责儿子。其实，小龙并不理解"傻×"这个词的含义。对他来说，"傻×"是一个新鲜词汇，长期从爸爸嘴里听到这个词，就照原样学着说。当这个场景特别符合那个词时，他就会脱口而出。

其实，对我们成人来说，脏话是我们成人在交际过程中出现的一种不雅、不文明的词语或句子，是不讲文明、没素质的表现。但对孩子来说，这并没有"脏"或者"不雅"的感觉，更多的是觉得好玩、好听、有意思，也不会意识到这句话会伤害别人。所以，他们就乐此不疲地去说。大人越是禁止，他们说得越起劲。

如果孩子说脏话说成了习惯，成了口头禅，那么就会成为别人口中"没教养"的孩子。

所以，面对孩子说脏话这一行为，父母的正确引导显得尤为重要。那么面对孩子说脏话，父母具体应该怎么引导呢？

（1）从心理发展来讲，父母需要做的是冷处理

一般来说，当孩子2岁半以后，会出现诅咒语言敏感期。在这个时期

里，他会对一些脏话或者比较刺耳诅咒的话语感兴趣，并且会乐此不疲地说。

所以，当孩子说一些脏话来刺激你时，你最需要做的事就是听到当没听到，不去理睬他。当他没有观众时，就没有了表演的兴趣，就会觉得没意思，慢慢就不会说了。

大人漠视孩子的行为，孩子反而容易淡忘。相反，如果妈妈勃然大怒，不允许他说或者用处罚他的方式去管教他，这可能一时管用，但更会激发他的好奇心，让他猛然发现了脏话的力量，就会说得越起劲。

回顾小龙的成长过程，其实，他在3岁左右就迎来了诅咒语言敏感期。那时，他说"臭奶奶""臭妈妈""破姐姐"时，我就联合家庭成员，不去在意他这一话语。

很快，他就度过了这一时期。一年多时间后，他再次对脏话感兴趣，其实也充分说明他正在跟小朋友私下里交流这些问题，"屎、尿、屁"可能都是从外面学来的。当然，"傻×"这个词就是从爸爸那里学来的。

（2）从环境发展来讲，父母需要做的是自我反省

当孩子某一句脏话刺伤了你的神经时，你不应该责备孩子，最应该做的事就是反省自我，想想这是不是自己经常说的口头禅，或者想想是不是爸爸经常说，或者其他家庭成员说过。

如果是父母经常说的话，那么父母要引以为戒。从此时开始，改掉自己那些不良习惯，对孩子进行正面引导。只有这样，孩子才会慢慢停止说脏话。

当然，当孩子说脏话时，我们还要告诉他这个词的含义，它表示的是不好的意思，会让别人伤心。当孩子理解了这个词的含义以后，他就会注意自己的语言。

很庆幸，当儿子骂我"傻×"以后，我没有大发脾气，而是借此机会与先生进行了一番沟通，让他意识到自己的言行举止对孩子的影响，开始规范自己的言行举止，让这一次经历促使他们共同成长。

亲子互动：喜欢说"屎尿屁"

"屎妈妈，屁妈妈。"一天，放学路上，小龙扬起头这样称呼我，坏坏地笑着。

我出于本能，猛地瞪大了眼睛，正想阻止他说这样的话时，突然感觉他是故意的。于是，我又硬生生地把阻止的话咽了回去，假装不吭声。

"尿妈妈，臭妈妈！"小龙继续挑衅我，我依然不吭声。他又连续说了好几次，最后自觉无趣，便自己玩去了。

4 "妈妈,你会死吗?"
——正在探寻"死亡"的意义

妈妈育儿事

2017年春节后的一天,我正在厨房做饭,小龙突然跑过来问道:"妈妈,你会死吗?"对于这个问题,我虽然早做好了心理准备,但仍然愣了片刻。

在我呆愣的这片刻时间里,奶奶立即回答:"妈妈不会死的。"

我知道奶奶非常忌讳"死"这个字眼,也非常害怕孩子问这个问题。在她看来,孩子问这个问题可能会是某种预兆。奶奶的话音刚落,我看了小龙一眼,反问道:"你觉得呢?"

"我觉得人会死!"说这话时,他突然露出了一种淡淡的忧伤。我正想说什么,他突然又兴奋了起来,自顾自地说:"不过,人死了,就打120了,护士给你打一针,你又活过来了。"

听到他这样自圆其说的解释,我忍不住笑了。孩子的世界就是这么简单,所有的死其实就是假死,他总会安排一种美好的结局。那次交流就这样不了了之,但小龙对关于"死"的探索却从未停止。

又过了一段时间,爷爷奶奶在看战争片。每当看到一些人打仗时,小龙总会问:"妈妈,那些日本人都被枪打死了吗?"

有了上次的经验,我又反问道:"你想他们被打死吗?"

"不想！"

"哦！他们有些确实死了，有些被遣返回日本了。"我耐心解释道。

"妈妈，我们中国人为什么要跟日本人打仗啊？"

面对如此深奥的问题，我想了想问道："如果有一个小朋友来我们家，要把我们家所有东西都拿走，还要占领我们的房子。你允许吗？"

"不允许，那样，我肯定会跟他打架。"

"是啊！我们中国人也是这样啊！"

大半年过去了，我以为这个问题就告一段落。不曾想，家里养的一只小乌龟意外死了。那天，爸爸见小乌龟不动了便说："小龙，你的小乌龟死了！"

小龙一听，立即朝小乌龟跑了过去，看到小乌龟一动不动的。"小乌龟，你不要死好不好？你知道吗？我是小医生，我可以帮你看病的。"说完，小龙就跑去卧室拿自己的小医生玩具。

听到小龙那略带悲伤的哭腔，我的眼泪突然就来了。我转过身去擦了擦眼泪，小龙拿来了小医生玩具，一边用听诊仪给小乌龟听诊，还在小乌龟的背上贴了创可贴，甚至还用上了钳子。

他一边给小乌龟看病，一边自言自语地说："小乌龟，你一定要好起来！小乌龟，你一定要好起来。"

在小龙一遍又一遍的呼唤声中，奇迹出现了，小乌龟好像听到了小龙的呼唤声，竟然动了起来。

"妈妈，妈妈，你快来看啊，小乌龟活过来了，小乌龟活过来了。"我跑过去一看，小乌龟果然划动了四肢，还伸出了头来。

就在我们全家人都沉浸在这种喜悦中时，没想到，小乌龟只是回光返照。第二天早上起来，小乌龟真正死了。那天早上，不管小龙说什么，也不管小龙做什么，它再也没有动起来。

那天早上，我本来想把小乌龟扔出去，但转念一想，应该跟它来一场告别。于是，我特意用袋子将它装了起来。那天下午，在小龙放学后，我拎着这个袋子，小龙拿着铲子，我们一起来到了一棵树下。

我们翻开泥土，小心翼翼地将小乌龟放了进去。在泥土一点一点地淹埋小乌龟的身体时，小龙问道："妈妈，我以后还会见到小乌龟吗？"

"不能见到了！"

"为什么？"

"因为它的身体会与泥土融为一体！"

"妈妈，那我以后每天都要来看看它。"小龙说到做到，从那以后，几乎每天放学后，都会跑去看看小乌龟。再后来，他好像接受了小乌龟死去的事实，慢慢忘记了这只小乌龟，而更加用心照顾另一只活下来的小乌龟。

妈妈烦恼一扫光

"生死"问题是一个特别深奥的哲学问题，这也是一个让我们很多人都非常忌讳的沉重话题。所以，当孩子问"妈妈，你会死吗"这个问题时，大多数人的第一反应都是像小龙奶奶那样搪塞过去，甚至不允许孩子问这样的问题。

其实，随着孩子开始探索"我从哪里来"这样的问题以后，紧接着就会探索"我终将去哪里"这样的深奥问题。在探索这个问题时，他们又是那么充满童真，单纯地认为"人死了，但只要护士打一针就又活过来了"。

当孩子探索"生死"问题时，虽然他们接纳"死亡"有一个过程，但他们终能接受这个事实。所以，面对孩子问"妈妈，你会死吗"这个问题时，父母如何回答孩子就需要细细思量，既不能给孩子过早地输入"死"的概念，又不能扼杀孩子这种探索新事物的好奇心。那么如何回答孩子问"妈妈，你会死吗"这样的问题，我将我的经验总结如下：

（1）不急着回答，把球踢回给孩子

当孩子问这样的问题时，妈妈不要生气，也不要觉得这是一种不好的预兆，而是以一种平静的心反问孩子"你觉得呢"。不管孩子的答案是什么，我们都不要急着去纠正，像小龙那样，保留他的那份童真，让他感觉到生活如此美好。

（2）抓住时机，让孩子明白"死"的意义

如果我家没有那只小乌龟的离去，也许我至今也不会正面跟小龙谈论"死"的话题。在救小乌龟的过程中，小龙好像也意识到小乌龟并不是简单打个针就能活过来，而是终将死去。在小乌龟死去以后，我又特意带着小龙去埋小乌龟，算是与小乌龟进行一场告别，也让小龙明白它死了，以后就看不见它了，它的身体将与泥土融为一体。大概因为我的顺势引导，小龙很快就过了那段有点悲伤的时光，并且懂得更加用心照顾活下来的这只小乌龟。

（3）借助绘本讲解生死话题

《爷爷变成了幽灵》这本绘本自然从容地讲了爷爷死去的故事，让孩子在自然快乐中接受。所以，当我们无法给孩子解释这种伤痛欲绝而又阴森恐怖的死亡话题时，不妨借助绘本来讲解，让孩子自己慢慢去理解。

第五章　听懂男孩的"弦外之音",培养会说话的男孩

亲子互动：死后去天堂

"小姨,你知道你死后要去哪里吗?"八年前的一天,先生的外甥女那时正像小龙这么大,她突然这么问道。面对她冷不丁的一句问话,那时的我一下子僵在了那里,一时语塞。

"小姨,你死后一定会上天堂的,因为你是好人。"听到她这句话,我哭笑不得地问道:"那天堂是什么样的啊?"

"天堂就是有很多好吃的,有很多好玩的地方,那里的人都很好!"听着她稚嫩的话语,我再次忍不住笑了。

5 "这是一个秘密"
——正在宣布自己的隐私空间

妈妈育儿事

"妈妈,我今天跟婷婷吵架了!"有一天放学后,我接小龙回家。在回家的楼梯上,他一脸垂头丧气地跟我说。

婷婷是他最要好的朋友,两人很少吵架,但这次是因为什么而吵架呢?于是,我好奇地问出了自己的疑惑。

"我今天早上跟她说,我们一起去玩,但不能告诉别人。可是,澈澈是我们的好朋友,我可以告诉他,对吧?"

"不对!"

"为什么?妈妈。"小龙一脸茫然地看向我。

"如果你觉得这是一个秘密,并且让婷婷替你保守,那你们谁都不应该说出去。如果你对其他小朋友说了,那你自己就没有做好榜样,婷婷也可以对其他小朋友说,那你这就不是秘密了!"

"可是,澈澈是我们共同的好朋友!"小龙再一次狡辩道。

"如果你真的想让你们共同的好朋友知道这个秘密的话,那么你就应该先跟婷婷商量,取得婷婷的同意后,你们再一起告诉澈澈。"

"哦,原来是这样啊,那我明天跟婷婷道歉。"小龙总算被我说服了。一路走着,不知不觉,我们就到家了。

第五章
听懂男孩的"弦外之音",培养会说话的男孩

回到家里以后,小龙就自顾自地打开了电视,看起了动画片。我坐在他旁边,看着他专注看动画片的样子,脑海里却时不时地浮现起他刚才说的事情。

关于秘密这件事,小龙最近好像特别在意,在我们一起玩游戏时,他经常附在我的耳朵边说:"妈妈,这是咱们的秘密,你不能告诉爸爸哦!"然后还伸出手来,有模有样地跟我拉钩。

有时候也会附在爸爸耳朵边说:"这是秘密,你别告诉妈妈哦!"

说实话,有时候我们并没有遵守他的秘密,不自觉就说了出来。因为在我的意识中,我觉得我们是在玩游戏,可以不那么认真。

可我忘记了,孩子一直都把游戏当成自己真实的世界。在我看来是游戏,在他看来却是最真实的世界,但在他的游戏世界中,我跟爸爸都没有做好榜样。我们彼此都觉得孩子的秘密可以分享,结果就让孩子产生了可以让第三个小朋友知道自己秘密的认知,虽然小龙跟婷婷说好这是一个秘密,谁也不能告诉,却因为澈澈也是自己的好朋友,就忘记了自己的诺言。

妈妈烦恼一扫光

孩子是父母的一面镜子,真真切切地照出我们父母的问题来。有些甚至是你根本就没有注意到的问题,却在孩子身上显露出来。

我很庆幸小龙把自己的小烦恼告诉了我,并且向我寻找答案。也感谢自己一直在正面面对孩子的问题,因为我知道他今天跟小朋友交往的方式,就是他成年后的社交模式。所以,我一分为二地给他指出他的问题所在。

在面对他的问题时,我也开启了自省模式,从孩子这面镜子中照见

了自己的样子。想到这里，我决定针对"秘密"这个话题，再跟他来一场探讨。

那天晚上临睡觉前，我给他讲完故事，抚摸着他的头说："妈妈非常感谢你愿意跟妈妈分享你跟小伙伴之间的小烦恼，但是妈妈却要跟你道歉。"

"为什么？"

"你今天没有按照约定保守秘密，是因为爸爸妈妈没有做好榜样，比如，你明明告诉妈妈，这是秘密，不能告诉爸爸，可妈妈还是告诉了爸爸。妈妈这样做是不对的。所以，妈妈要向你道歉。如果你以后告诉妈妈你的秘密，明确说不能告诉爸爸，妈妈一定会帮你保守这个秘密的。"

"妈妈，我们每个人都应该保守秘密，对吗？"小龙若有所思地问道。

"对，不过，我们不能保守坏人的秘密。比如，有一个陌生人说要带你去哪里玩，你既不能跟他去，也不能替他保守这个秘密，而要选择告诉爸爸妈妈。"

"哦，知道了！"小龙说完，就沉沉睡去。

秘密是人与人之间的一种有趣的人际关系，这种关系始于孩童时期。一般来说，孩子在5岁以后，他们开始在人际关系中构建自己的秘密，并体会秘密所带来的神奇分割力。

小龙这一年正是有了这样的神奇体验，所以，时不时地跟我们说"这是一个秘密"，并且有了分享秘密的对象——婷婷。

只是在理解秘密的过程中，我跟小龙爸爸没有做到位，导致他对秘密的理解模糊不清。其实，对孩子来说，这不仅是一个秘密，还是培养孩子信守承诺的开始，也许诚信便是在这个时候萌芽的。如果像我跟小龙爸爸

第五章
听懂男孩的"弦外之音",培养会说话的男孩

的做法,或者说像小龙那样的做法,长期以往,他就会成为一个不信守诺言的人。

秘密对儿童成长具有重要意义,孩子发现了自己的秘密,就意味着他们内心世界的隐私开始诞生,就如有一句话说:"对秘密的体验有助于形成我们的自我认知和自我角色;我们可以通过体验秘密来体验别的世界、探索未知的意义、获得深层的自我意识和自我认知;可以通过与他人分享秘密,建立亲密和委婉的人际关系。"

所以,当孩子跟你说:"妈妈,这是一个秘密。"那么请你先做好榜样,保守这个秘密,用你的行为告诉孩子,如果你觉得这是一个秘密,那么请闭紧你的嘴巴,学会保守这个秘密。

亲子互动:不能保守的秘密

"互相信任的人要保守秘密,但如果有一个坏人也要你保守秘密,你会保守秘密吗?"那次跟小龙沟通后,我翻来覆去地想,总觉得不妥。于是又开启了一番对话。

小龙瞪着一双眼睛望着我,有些不明就里。我进一步解释说:"比如,有一个陌生人说明天要带你去一个游乐场玩,但你要保守这个秘密,否则就不带你去。你能替他保守秘密吗?"

"不能,他是坏人!"

"是的,我们不能替坏人保守秘密!"

第六章

洞察男孩的内心动机，培养有力量的男孩

1 越让男孩做，他越不做
——叛逆让他成为他自己

> **妈妈育儿事**

五月回成都时，我闻到了嫂子跟侄子之间的火药味。每天早上吃饭时，嫂子让侄子先刷牙、洗脸，再吃饭，可侄子一声不吭，一屁股坐在椅子上，开始大口大口地吃饭；晚上睡觉前，嫂子让侄子洗澡，侄子嘴上答应着，结果却蜷在被窝里呼呼大睡；嫂子让侄子早些睡觉，注意保护眼睛，结果侄子的房间一直到晚上12点还有灯光，当嫂子推门时，里面的灯光瞬间熄灭……

嫂子为此火冒三丈，虽然一遍又一遍地默念"亲生的，亲生的"，事实上，依然怒火丛生，两人之间时不时地产生火药味道。

看到侄子的表现，我一开始也很纳闷，吃饭前洗脸刷牙，睡觉前洗澡，那不是理所当然的事吗？6岁的小龙就能做到，怎么到了他这里，执行起来就这么困难？

有一天，侄子坐在沙发上摆弄着遥控器，听一些很有个性的歌曲，我坐在他旁边问道："你听的这些歌好有个性，你怎么理解个性的啊？"

"个性就是我想做什么就做什么，不想做什么就不做什么！"

听到他这句话，我突然明白即将13岁的他正处在青春叛逆期，想按照自己的想法成长，用自己独特的方式跟妈妈对抗，但他又分不清什么事应该听父母的，什么事应该听自己的。所以，就导致他莽莽撞撞的，无厘头地跟妈妈对抗。

"对啊！每个人都应该按照自己的想法行事啊！你不想按你妈说的做，对吧？所以，故意跟她对抗！"

"也不是，她越让我做，我越不想做；她越不让我做，我越想做。"听到他这句话，我忍不住笑了。这还不是对抗？那怎样才算是对抗呢？

我于是说道："当一个人开始对抗父母时，这是好事，那就说明他正在努力长大，希望像大人那样做自己想做的事，这没有问题，不过，你需要分清父母说的是不是对的？比如吃饭前洗脸刷牙毋庸置疑，这是应该养成的好习惯，而不是听谁的。你是想听你自己的，还是不情不愿地听你妈妈唠叨啊？"

"听我自己的！"

"好，那我们做一个思维导图，你学会安排自己的时间。你什么时候起床，什么时候睡觉，什么时候读书，什么时候玩游戏，什么时候做作业，你都一一列出来，然后拿去给你妈看，跟她一起商量，商量好后就严格按照你自己的想法去执行。这样，你就能自己把控你自己的时间了。"在我的辅助下，侄子开始做思维导图。那一天，他果然按照自己约定的时间执行作息。

妈妈烦恼一扫光

大多数人的成长都有三个叛逆期，不同的叛逆期，有不同的个性发展和心理、生理发育的特点，父母应对的方法也应该有所不同。

3岁左右，随着孩子嘴里出现的"不"，他迎来了人生第一个叛逆期，又称"宝宝叛逆期"，意味着他正在努力形成自己的主见，正在努力走向独立；7岁左右时，孩子则迎来了人生第二个叛逆期，又称为"儿童叛逆期"；在12～18岁时是人生的第三个叛逆期，也是大家所熟知的"青春叛逆期"。

毫无疑问，每一次叛逆其实都是孩子在努力挣脱父母的束缚，渴望按照自身想法行事，一旦受到父母的管教，孩子为了保护自己的自尊心，就会采取叛逆、反对的言语或行为，甚至冲父母发脾气。

所以，就出现"父母越让孩子做什么，他越不做；父母越不让孩子做什么，他越要做"的情形。这就是孩子叛逆时期的反抗行为。

我侄子就属于这种情况，因为妈妈唠叨得过多，他明明知道妈妈说的是对的，依然默默地进行反抗。所以，孩子的叛逆一方面是出于自身发展规律，另一方面也是父母不当的教育方式导致的，大体归为以下三个方面：

（1）家长对孩子管得过多

有些家长什么都管，什么都想让孩子听自己的，唠叨个没完没了，这让孩子感到非常厌烦，于是故意和家长对着干。

（2）家长对孩子管得过严

有些家长属于权威型家长，凡事都按自己的意愿进行，导致孩子没有丝毫发挥自己想法的个人空间。这种情况就像弹簧一样，被压得越低，就弹得越高。所以，这类孩子的叛逆心最强。

（3）家长听之任之，一旦管教，孩子就会出现叛逆行为

还有一些家长过于溺爱孩子，从小对孩子听之任之，孩子要什么，家长就给什么。当孩子出现各种问题时，家长意识到问题的严重性，便火急火燎地管教，结果孩子不适应，不服家长的管教，出现叛逆行为。

所以，对于孩子的叛逆，父母更应该反思自己的教育方法。那么父母如何面对孩子的叛逆呢？

（1）尽量尊重男孩的意愿，学会"抓大放小"

男孩天生需要尊重，所以，只要不是原则性问题，父母都应尽量尊重孩子的意愿，让他按照自己的意愿行事。当男孩得到尊重，并能按照自己的意愿行事时，就大大降低了他的叛逆心理。

（2）少唠叨，多商量

面对孩子不听话的行为，父母不要一味地唠叨，尽量用商量的语气跟男孩商讨，把自己的意见说出来。至于男孩是否采纳，则尊重男孩的意愿。

（3）鼓励孩子多尝试，用结果说话

让人成长的是经历，而不是岁月。鼓励孩子多尝试，当孩子成功了，父母给予肯定与赞赏；当孩子尝试失败了，父母抓住时机给予指导，跟他一起探讨为什么会出现这样的结果，正确的想法与做法又是什么，从而在孩子心目中建立信服感。也许孩子下一次遇到大事时，就会主动征求父母的意见。

亲子互动：《不玩够，不能上床睡觉》

在小龙处于人生第一反抗期时，我带着他读绘本《不玩够，不能上床睡觉》。读完后，我跟他说："从今天开始，晚睡也是咱们家的家规。不玩够，不能上床睡觉。"

"妈妈，为什么？我又不是猫头鹰！我不要那么晚睡觉，我要早早睡觉。"

果然，后来一喊他睡觉，他大多数时候都会特别配合。

2 怕黑
——战胜本能，才能获得勇敢

妈妈育儿事

这个中秋节的天气真好，我们家大人骑小蓝车，孩子骑滑板车，一起来到了运河堤岸。

秋高气爽，湛蓝的天空飘着朵朵白云，一轮西下的太阳犹如打散的鸡蛋，在蓝天中流动开来，余光折射在运河河面上，风吹水动，泛起一圈圈涟漪。

小龙大约也被这美景吸引，丢下滑板车，跑去河岸处，拿出自己的相机，"咔嚓咔嚓"地拍照。他的跑动，惊动了鸟儿们，一时四下飞起……

一路上，我们走走停停，时而驻足欣赏风景，时而蹲下嗅嗅花香，时而追赶小鸟。眼看天色渐晚，我们准备打道回府，可爸爸却想去看看前面的小道有多远，于是，骑着小蓝车向前骑去，小龙也好奇，骑着滑板车，一路向前，跟了上去。我跟公公也跟了过去。

也许是喜欢冒险的天性，小龙一直跟着爸爸向前骑。不知道骑了多长时间，天色已晚，爸爸跟小龙才决定回家。于是，我们转身往回骑。

往回骑时，才发现我们已骑出好远，路边又没有路灯，而这段小路两边都是树木，光线昏暗，树影斑驳，时不时地有小鸟惊飞，阴森森的，让人情不自禁地害怕。

尽管如此，小龙还是很兴奋，一路跟爸爸比赛，要超过爸爸。但在桥下停下来时，却被我一下子超过了。没想到，我这一行为引发了小龙的情绪，他开始哭闹了起来。

他的哭闹让我们莫名其妙，本以为是我超过了他，他因此生气。我一再退后，他依然不依不饶地哭闹，一边哭一边说："我不想去那边，你们为什么要去那边骑？"

听到他这句话，我突然感觉到了他内心很害怕。于是，我抱着他说："你是不是很害怕？现在天黑了，有些害怕是很正常的。我们再坚持一下，前面就有灯了。"

尽管我们耐心地哄他，他都不肯再骑滑板车，也不走。有那么一秒钟，真想把他丢在那里，我们自己走，用威胁的方式让他屈服。但最终我放弃了这种想法，害怕吓着他。我跟爸爸继续各种哄。突然，先生发现了他的滑板车，用充满惊喜的口吻说："你的滑板车在黑暗中发出的光，真漂亮啊！你跑起来，让我们看看都有哪几种色彩？"

我一听立马附和说："我看到了红色呢？"

听我们这么一说，小龙破涕为笑，快速骑起了滑板车，并且一路向前。我跟先生则一直跟在身后，一路夸他滑板车发出的光真漂亮，有红色，有绿色，有橙色，并且还为我们照亮了道路。

在我们的鼓励与表扬下，小龙骑着滑板车穿梭在黑暗中，骑着骑着，一轮明月在树梢处冉冉升起。小龙看了看月亮，兴奋地说："月亮来为我们照亮了，我们要骑快点！"

在快到达目的地时，可能骑得有些累的小龙开始气馁了，一边骑，一边问："妈妈，还有多长时间啊？还有多长时间才能有路灯啊？"

"就在那前面，我们再坚持一下就到了。"在我们的鼓励下，小龙也自言自语地说:"再坚持一下,坚持就是胜利,坚持就是胜利。"通过这样互相打气,我们终于来到了马路上。

在昏暗的灯光下,我朝小龙竖起了大拇指,笑着说:"你既勇敢,又坚强,是真正的男子汉!"

听我这么一说,小龙高兴极了,美美地笑了起来。

看着他一副成就满满的模样,我觉得这个中秋节歪打正着的经历是多么幸福而有意义:三代人出行——爷爷、爸爸、妈妈带着孩子出行,不仅让孩子感受了一家人出行的融洽,还有了一场别开生面的经历。

在这场经历中,真正达到了"野蛮其体魄,锻炼其心志"的目的。一路骑着滑板车在黑暗中穿梭,不仅锻炼了小龙的体力,还磨炼了他的意志,让他直面黑暗,坚信自己一定可以到达目的地。

妈妈烦恼一扫光

对现在生活在城市里的孩子来说,大多数孩子所到之处都有路灯照亮,根本没有机会感受树影斑驳所带给人内心的那种恐惧,更没有机会锻炼在黑暗中前行的勇气,更没有机会学会在黑暗中坚定信念朝着有光亮的地方前进。

这种经历其实难能可贵,特别能锻炼孩子的心志。回顾这场经历,我觉得它能在以下几方面给小龙以锻炼:

(1)感受黑暗的恐惧

很多孩子都怕黑,但那种阴森恐怖的漆黑环境更是让人害怕,风吹树动,树影斑驳,小鸟惊飞,每一种响动都会带给人内心很大的震撼。这种感觉让人时刻处于警惕中,高度集中注意力,因为眼睛看不见,就必须做到耳听八方，随时做好战斗的准备。每个男孩都应该有这种经历，在大自然中锻炼自己的勇气以及应变能力。

（2）直面黑暗的勇气

当孩子感受到黑暗的恐惧时，大多数人都会选择回避。很多父母也会害怕吓着孩子，选择把孩子抱在怀里。

当孩子五岁以后，比起安抚孩子的恐惧，我们更需要给他直面黑暗的勇气，鼓励他在黑暗中一路前进。当他战胜黑暗时，他就获得了直面黑暗的勇气。

（3）在黑暗中自娱自乐

身处黑暗中，两眼一抹黑，看不清前方事物，每个人的内心都会感到害怕。在这个时候，如果我们能够自娱自乐地打发这种时光，我们的心中就燃起了一束光亮，当我们情绪平和甚至带有喜悦时，即使身处黑暗之中，我们的世界也是明亮的。

我跟先生在意外发现小龙的滑板车发出的光亮时，就有意引导小龙让滑板车在黑暗中发出光亮，并用光亮为我们照亮前进的道路。所以，在后来的行程中，我们一路嬉笑着向前骑行。

（4）在黑暗中坚定信念

在黑暗中骑行，因为看不见前方，在我们骑了很长时间以后，难免会感到气馁。在这个关头，我们更应该做的事就是坚定信念。人生的成功关键有时就在于你能不能再坚持一下。

很多人之所以能成功，那是因为前方有目标的召唤。当我们看不见目

第六章
洞察男孩的内心动机，培养有力量的男孩

标时，内心的信念就显得尤为重要。

在这段经历中，我们不断告诉小龙，再坚持一下，前方就到马路上了。在我们的鼓励下，他终于坚持了下来。当他成功抵达目的地时，他内心的成就感也油然而生。

所以，我觉得这次经历特别有意义。当然，任何锻炼都不是一蹴而就的，需要我们父母从小的方面开始培养，随着孩子年龄的增长，不断加大锻炼的难度。

我很早就知道孩子怕黑的心理特点以及让孩子直面黑暗的重要性。有一句谚语说："黑影上墙，小孩找娘。"所以，孩子怕黑其实是天性使然。因为在远古时期，原始人类生活在山洞里时，天一黑，他们就面临野兽的侵袭，由此产生内心的恐惧感。因此，在小龙很小的时候，每当天色渐晚时，我就会轻声告诉他："白天，太阳为我们照亮；晚上，太阳休息了，换成了月亮。可是，月亮没有那么明亮，所以，晚上天空就比较黑暗。"可能是因为从小我传递给他这样的认知，他小时候并不怕黑。在科技馆里玩时，里面有一条黑暗隧道，小龙特别喜欢走这条隧道，跟着一群孩子，一本正经地从隧道的这头走到另一头。而有的孩子吓得哇哇大哭，甚至父母陪孩子一同进入，孩子都不敢往前走。从视频里看到小龙那种故作勇敢的样子，我感到有些哭笑不得。来回走几次后，他渐渐喜欢上了这条黑暗隧道，越玩越刺激。

去年，我们带一个朋友的孩子去欢乐谷的魔鬼城堡里玩时，小龙执意要进去。本来以为他会害怕，我想抱着他一路前行，没想到，他却要求自己下地走路，只是让我牵着手，面对敲动的棺材，到处挂着僵尸的装饰，还时不时有假扮幽灵的人跑来跑去，一路上大家都吓得尖叫，而小龙却像没事似的，睁着眼睛到处瞅，不哭不闹地走出了魔鬼城堡。

153

大家都夸这孩子真勇敢！其实，我知道他只是还不知道害怕而已。在过去这一年时间里，他开始探索生死，开始意识到这个世界上有一些危险事物，有了怪兽与幽灵的概念。所以，当他置身于阴森恐怖的环境中时，就自然感觉到了害怕。

所幸的是，我们大人一起陪他直面这种恐惧，让他感受到了自己的力量。当一个人有力量去战胜恐惧，并成功战胜了这种恐惧时，他就成长了一大步，敬重自然却又不畏惧大自然。

非常感谢这场歪打正着而又别开生面的经历，也许多年后，他也会特别怀念这个不一样的中秋节。

亲子互动：钻黑色隧道

带小龙去科技博物馆玩时，他特别热衷于钻黑色隧道。刚开始，他还要我们陪他一起钻隧道。

走过几次后，他就拒绝说："爸爸，妈妈，你们站在外面等我就可以了。"说完，就钻进了黑色隧道里。

我们通过视频看他一本正经的样子，忍不住笑出声来，明明心里很害怕，却装着很镇静的样子，即使面对大家的尖叫声，也没有表现慌乱的样子来。

3 喜欢打成一团
—— 知道什么时候结束很重要

妈妈育儿事

我们家最喜欢玩的游戏就是打闹游戏,经常一家三口在床上扭打成一团。通常情况下,我跟小龙一组,爸爸个头大一人一组,我和小龙一起跟爸爸对战。

我们有时候以枕头当武器,直接砸向对方;有时候以毛绒玩具展开攻击,你扔我接;有时候也会拿小龙的玩具刀当武器,两把玩具刀刀锋相对;有时候也会拳头对拳头,你一拳过来,我一拳过去;有时候也会扭打成一团,你蹬我一脚,我蹬你一脚,你挠我痒痒,我挠你痒痒……

在小龙三岁多时,我基本上都配合小龙,在父子俩拳头对峙时,我出其不意地挠爸爸痒痒,让爸爸败下阵来。但大多数时候,爸爸总能同时制服我们两个人,同时掌控住我们的双手,令我们动弹不得。

总之,我跟小龙联合作战,都不是爸爸的对手。终于有一天,小龙想了一个办法,他拉着床头的铃铛对爸爸说:"爸爸,我一拉响铃铛,你就躺下不许动。"

爸爸不明所以。就在这时,小龙拉响铃铛,爸爸乖乖地躺着不动。小龙一下扑在了爸爸身上,对爸爸一顿"拳打脚踢",踢得爸爸直叫。

看着这一幕,我忍不住笑了,高兴地欢呼道:"我们终于赢了一次,哦耶！武力不敌，但我们懂得靠智力取胜！"

随着小龙年龄不断增长，他的力气更大了，同时也慢慢懂得保护妈妈了。大约四岁半时，每次再跟爸爸打闹时，他会说："妈妈，你躲在我身后，我会保护你的。"然后，做出迪迦奥特曼的姿势跟爸爸展开"战斗"。在"战斗"时，依然不忘保护妈妈。我这时就努力做到不给他拖后腿。

当然，也有很多次因跟爸爸扭打而闹矛盾，比如，爸爸不小心把他打疼了，他就回到了小时候，回到妈妈的怀抱里，委屈地哭一场。有时候，他也会把爸爸打疼，让爸爸疼得龇牙咧嘴。

我发现他们都不懂得掌握力度，为了避免类似的事情发生，我便对小龙说："你看你使劲打爸爸时，爸爸会疼，爸爸不小心用力打你时，你也会疼。所以，你们都要注意拳头打出去的力度，不要伤害对方。其次，要分清能打与不能打的地方，比如，眼睛与头都不能打，跆拳道老师是不是教你要保护对方的头？最后，要能控制自己的拳头，能伸出去，也能及时退回来。这叫收放自如！"

就这样，这种打闹游戏在我们家持续了三年。在三年中，小龙获得了很大的进步，最明显的感觉就是他一步一步长成了男子汉的样子。

妈妈烦恼一扫光

与很多妈妈不一样的是，我很赞同男孩跟爸爸扭打成一团，有时候会促使他们父子俩扭打起来，因为我知道这是男人的天性，他们一方面通过肢体接触来表达彼此的爱，另一方面也是受睾丸激素的影响借此感受自己身体的力量。

一项研究表明，跟爸爸打闹是男孩成为真正男人所必须经历的一课，他在打闹中所学到的东西对他们的成长具有深远意义：懂得掌握拳头的力度，不伤害对方，知道什么时候结束，从而培养男孩的自控力。

在男孩的世界里，受睾丸激素的影响，总会冲动地伸出拳头，但是比伸出拳头更重要的是及时收回拳头。比如，有人惹男孩怒火攻心，男孩一气之下，伸出了拳头；但如果这一拳即将打中对方的要害部位时，男孩能够及时收回拳头，那就避免了一场恶劣事件的发生。

让男孩体会自己拳头的力量很重要，让男孩用拳头捍卫正义与自己的正当权利也很重要，但比这些更重要的就是让自己的拳头收放自如，即使是在愤怒不已时。

这是真正男子汉的衡量标准，真正的男子汉应该能为自己和自己的行为负责。这样的男子汉既保证了自己的安全，又保证了他人的安全。

现在很多家庭出现男人打女人的家暴现象，不是因为他们恨女人，而是因为他们在愤怒驱使下，忍不住把拳头挥向了自己的妻子。事后，无数男人痛哭流涕，用各种方法向妻子忏悔，希望获得妻子的谅解。事实上，家暴只有0次与无数次的区别。那些家暴男人在情绪来时，又会忍不住将拳头挥向自己的妻子。

真正的男子汉可以保证一点：绝不会把拳头挥向自己爱的女人，而妻子也深深地了解，无论自己与他怎么争吵，自己都是安全的。这样的夫妻关系才能持久，并且幸福。

可见，男孩跟爸爸打闹这件事意义非凡。那么，爸爸在与男孩打闹时，需要注意哪些方面呢？

（1）制定规则

在打闹开始前，爸爸可以指着男孩的身体对他说："你的身体是宝贵的，我的身体也是宝贵的。我们在打闹时，要尽量保证不伤害对方。如果有一方受伤，那我们就不能再玩这个游戏了。所以我们需要制定规则：不能打人的要害部位（头、眼睛、肚子等），其次，我们只能拿一些柔软的东西作为武器，不能拿尖硬的东西来玩。"

制定好规则后，爸爸问男孩："你能做到吗？"相信任何一个男孩都不会说"不"。然后，父子俩就可以开始尽情打闹了。

（2）及时停止

要让男孩知道什么时候结束，爸爸跟男孩打闹时，应该在适当的时候停下来，并说："打住！打住！停！"既要让男孩学会控制自己的身体，又要让男孩懂得在什么情况下要及时停止。只有把握住这个分寸，男孩才能真正做到及时停止。

（3）掌握拳头力度

对男孩来说，不仅在愤怒的时候会挥舞拳头，在兴奋时，也会朝对方挥拳头。无论在哪种情况下，练习掌握拳头力度特别重要。因为这一拳打出去，你必须保证这不是致命的一拳。

（4）培养自控力

无论是及时停止，还是掌握拳头力度，追根溯源都是自控力在起作用。所以，爸爸在跟男孩打闹的过程中，自然而然就培养了男孩的自控力。自控力对男孩的人生意义非凡。

第六章 洞察男孩的内心动机,培养有力量的男孩

亲子互动

"我们一起来玩一个伸缩运动的游戏怎么样?"一天,我提议道。

"好啊!"

"伸出来!"小龙立即伸出了手来。

"缩回去!"小龙又把手缩了回去。

"伸出来,缩回去;伸出来,缩回去……"我加快了速度,小龙有些跟不上。

"伸出来,缩回去;缩回去,伸出来……"当我改变顺序时,小龙就完全跟不上了。不过,经过一段时间的练习,小龙慢慢就跟上了节奏。

非要小伙伴听自己的
——领导力正在悄然滋生

> **妈妈育儿事**

一个周末,小龙起床就跟我说:"妈妈,我们跟澈澈、大宝商量好,我们今天10点去看电影,我负责买电影票,澈澈负责买爆米花,大宝负责买冰淇淋。"

本以为他是说着玩的,没想到,他自己接通了大宝妈妈的视频,我们家长一听,才发现原来小家伙们真的自己约定好了。后来一问,才得知这都是小龙的主意。因为我们常带小龙去看电影,而澈澈、大宝则很少去看电影。

在得知这个消息时,我满心欢喜。因为这让我看到了一个小小的领导者。虽然约着一起看电影这件事微不足道,但足以看出小龙已经具备一定的组织协调能力,而组织协调能力是领导力的核心。

其实,我从小就开始培养小龙的领导力。记得小龙四岁左右时,他非要小伙伴听自己的,小伙伴不听他的,他就又哭又闹。所有人都觉得他太无理取闹,甚至觉得这孩子将来长大了没出息,哪能要求别人听自己的,但我却明白他是很想领导小伙伴,但能力不足、用的方法不对,所以备受打击,才会难过哭泣。

记得有一次,小龙跟小伙伴一起玩,玩着玩着,小龙想去另一边捡树叶,便对大家说:"我们去那边捡树叶来玩吧!"

小伙伴都不理他,就像没听见一样,小龙又重复了一遍,大家依然没反应。小龙一下子急了,眼看又要哭起来了。我赶紧对他说:"你可以自己先过去捡树叶,然后再邀请他们一起去捡。"

经我这么一说,小龙擦了擦眼角的泪水,自己跑去捡了一些树叶来。小伙伴看到后,感到很好奇,就问他的树叶从哪里来的,然后跟着小龙一起跑去那边捡树叶。

那次事件让小龙大受鼓舞,他不再强硬地要求小伙伴听他的,而是懂得用其他方式去吸引小伙伴。

记得有一次跟当当小朋友玩。当时有两条小路,当当要走另一条道路,小龙想要当当跟自己一起,就捡起一根棍子对当当说:"你看我这边有好多这样的棍子,你走我这条路,你也能捡很多棍子!"当当一听,立即跑去他那条小路,亦步亦趋地跟在他身后。

再后来,小龙又用玩具来吸引小伙伴。比如,小男孩们都特别喜欢奥特曼。每次玩时,他就披着奥特曼披风,拿着奥特曼刀,一声令下:"奥特曼战队,冲啊!"然后,骑着滑板车,"哧溜"一下滑了出去,后面则跟着一群奥特曼战友。

看到这一幕,我知道领导力已经在他心中萌芽。果不其然,后来听老师说,小龙任班长那天,总能把大家管理好。

妈妈烦恼一扫光

非要让小伙伴听自己的,看似一件无理取闹的事,实际上却是领导力的种子。很不幸的是，领导力这粒小小的种子有时候还没来得及在男孩的心中萌芽，就被大人无情阻止了。

因为大多数父母都要求男孩谦虚、忍让，久而久之，很多男孩都变得缺乏积极主动性，缺乏敢于争先、敢于挑战他人的领袖精神，结果成为被领导的角色。

所以，在男孩非要小伙伴听自己的时，父母不应该去责备、阻止男孩，而是应该适当给予一些帮助。比如，在小龙捡树叶这件事上，我就明白要想说服别人，"拿结果说话"更有效，所以，我就稍微提醒了他一下。果不其然，当他把树叶捡回来时，无意识中就吸引了小伙伴们的注意力，大家都愿意跟他去捡树叶。这树立了小龙说服别人的信心，也让他意识到自己采用的方式不对。所以，他后来就改变了强硬的方式，而是想办法去吸引对方的注意力，从而达到领导对方的目的。

《儿童领导力》的作者艾伦·尼尔森说："领导力是一个过程，是帮助人们团结在一起完成个人无法完成的事情，而领导者就是让这个过程发生的人。"

可见，领导力不是一个专属于成人、职场的概念，不是一种权力，不是只有当领导才需要，也不是要对别人指手画脚，而是一种能力，是一种学习如何面对困难、解决关键问题以及如何对他人起到积极作用的影响力。

培养男孩的领导力并不仅仅是培养男孩"当领导"。虽然每个男孩的个性不同、成长环境各异，但他们的一生都有在某一个方面成为领导者的潜力。

如果父母从小就注重培养男孩的自信心、人际交往能力、解决问题的能力、情绪管控能力等，让他们学会更加自律，就能让男孩成长为更好的自己，只有能管理好自己的人才能管理好别人。那么如何从小培养男孩的领导力呢？

（1）多带男孩参加集体活动

周末，父母可以多带男孩参加一些集体活动，比如，足球训练、团队外出玩耍等。在集体活动中，领导者往往能带给男孩一定的示范作用，对天生喜欢模仿的男孩来说，无意识中就激发了他的领导意识。

（2）听从男孩的调配，培养有责任感的男孩

除了上述讲的事例以外，我在生活中也非常注重培养小龙的领导力。比如，我们一家人画画时，就让他当小老师，给我们安排工作，领导我们怎么画。通过这样的互动方式，既培养了他的组织协调能力，又培养了他的责任感。

（3）适时提供指导，帮助男孩协调他人

当男孩有意识地去调动小伙伴时，最需要父母适时提供帮助，而不是抱怨指责，甚至给他们贴上"无理取闹"的标签。父母应读懂孩子这一行为背后的意义，及时给予帮助，培养孩子的信心。只有具备强大人格魅力的领导，才真正具备领导力，而自信心就是孩子练就强大人格魅力的保证。

亲子互动

"今天由你当家做主哈，你要负责分配家务活！"疫情期间的一个周末，我突发奇想让小龙当家。

"好，妈妈今天负责做饭，爸爸洗碗，我扫地拖地，奶奶负责看电视。"小龙立即安排道。

让我感到意外的是，在我炒好菜准备吃饭时，小龙竟然放下ipad，主动拿碗盛饭，一边盛饭，一边说："我今天是家长，这些事都是我应该做的，爸爸要吃多多的就要多盛些，奶奶吃得少就少盛些……"盛好饭，把饭端上桌子，摆好筷子，真正发挥了主人翁的精神。

5 憧憬未来的家庭生活
——有担当的男孩才幸福

妈妈育儿事

八月份带小龙回老家时,在火车上闲来无聊,我一时兴起,问了小龙一个问题:

"你以后会让我帮你带孩子吗?"

"我会自己带,在需要你带的时候,你就帮我带!"没有肯定,也没有否定,而是给了我一个十分中肯的回答。

我瞬间来了兴趣,继续深挖道:"你不上班啊?"

"上班啊,我会集中注意力工作,工作完了就回家陪孩子!"听到他这句话,我情不自禁地笑了,脑子里浮现出一个在办公室努力工作、工作完后就风尘仆仆往家赶的好爸爸形象。

"你工作时,那谁带孩子啊?"我继续问道。

"他妈妈带啊,他妈妈工作时,他可以看动画片,玩玩具!"

这好像是我带他的工作状态,在我写稿子时,我支使他去玩玩具;在我讲课时,为了避免他来打扰我,我就把电脑打开,让他看动画片。

果然,孩子都是父母的复印件,他对未来家庭生活的憧憬,透露着原生家庭的影子。我很庆幸自己在努力做好榜样。于是喜滋滋地继续问道:

"你以后也想娶个作家当媳妇啊?"

"不要，作家太忙了，都没时间陪孩子了！"脑袋"嗡"的一声响，好像当头一棒，让我一时反应不过来。这一年来，自从我带着一群妈妈共同学习育儿知识后，我大部分时间与注意力都转移到了工作上，确实减少了对他的陪伴。

过了好一会儿，我吸了一口气，又继续问道："那你希望你媳妇做什么工作？"

"她先不用工作啊，就好好带孩子！"

"那她就没钱养孩子啊！"

"我会使劲工作，虽然压力大，但我每天早上会起来放松放松！"听到他这句话，我情不自禁地笑了。原来他对他未来的家庭生活早有规划。

妈妈烦恼一扫光

俗话说："三岁看大，七岁看老。"通过与小龙的交流，我感受到了他对未来家庭生活的憧憬与规划，仿佛看到了未来30年后的他——一个有担当的"好丈夫"，一个有责任心的"好爸爸"。

一个幸福的家庭其实是由梁与墙搭建而成，爸爸就是那梁，家中的中流砥柱，决定家的高度；妈妈就是那墙，墙与梁紧紧相依，为家庭遮风挡雨，给家人带去温暖，决定家的温度。梁与墙配合得越好，房子就越稳固，家庭就越温暖，生活在房屋里的人就越幸福，而这梁与墙也将收获富足与美满。

很庆幸，小龙在憧憬未来的家庭生活时，他对自己进行了精准定位，不仅将自己定位为爸爸，还对家庭分工进行了正确分配，爸爸工作赚钱养家，妈妈用心带孩子，爸爸在工作之余就回家带孩子。即使工作压力大，他也会坚持，并且还懂得放松，释放压力。这正是我理想中的生活。

也许孩子真的是小小哲学家，六岁孩子都能想明白的问题，无数成人却在犯傻。反观我们现在很多家庭的现状：缺席的爸爸+焦虑的妈妈=无助的孩子，甚至还有"全能"的妈妈+"无能"的爸爸="无知"的孩子等情况。

在我们这个时代，妈妈处在一个怎么选择都是错的尴尬位置，一个重要原因就是爸爸没有在家庭中担负起自己应该负的责任。

对有些男人来说，"爸爸"只是一个称呼，在他们看来，自己赚钱养家就很了不起了，养孩子是女人的事，如果孩子出了什么问题，爸爸最喜欢说的一句话就是"你养个孩子都养不好"，指责批评妻子，导致很多全职妈妈自我价值感下降，整天活在焦虑惶恐中，唯恐自己被社会淘汰，被丈夫抛弃。

还有一些男人觉得生活压力大，养不了家，妻子也要上班。所以，孩子只能交给老人带，结果，父母一起做起了"甩手掌柜"，家里家外都交给老人打理。

还有一些男人丝毫没有进取心，妈妈为了撑起整个家，付出大量的时间与精力打拼事业，照顾孩子与家庭，结果家里的梁塌了，而墙看似光鲜亮丽，实则苦不堪言，活成了典型的"丧偶式育儿"。

所以，无论是赚钱养家，还是在家带孩子，都是为家庭服务，只是家庭分工不同而已，并没有高低贵贱之分。一个爸爸只有具备这样的认知，才能明白养育孩子是世界上最高贵的工作，才能真正做到尊重妻子带孩子这件事，才能担负起自己当父亲的责任，才能与妻子共同抚育孩子，守护孩子成长。那么我们应该如何培养男孩学会对家庭负责呢？

（1）父母做好榜样

卢梭说:"榜样，没有榜样，你永远不能成功地教给儿童以任何东西。"孩子属于吸收性心智，父母的言行举止，家庭结构以及家庭氛围都会悄无声息地印在孩子的脑子里。所以，父母要学会对家庭成员进行定位，各司其职，为孩子做好榜样。

（2）让孩子为家庭付出

孩子作为家庭中的一员，父母除了要带孩子做家务，为家庭付出劳动以外，还要让孩子学会表达自己的爱。

有一次，我带小龙去江西开展讲座，临行前，他把存钱罐里的所有硬币都倒了出来，数了20枚一角一角的硬币，然后说:"我准备这些钱，给爷爷买吃的。"

所以，父母需要给孩子一定的零花钱，让他有自由支配的权利，让他通过钱置换礼物来表达自己对家人的爱。

（3）阅读绘本

每一个孩子都应该有自己家的意识，但现在很多男人把父母的家误认为是自己的家，把妻子娶进家门后，就要求妻子融入大家庭。结果，让妻子活成了"在娘家是客人，在婆家是外人"的状态。

所以，父母从小就可以通过绘本阅读来培养孩子建立自己家的意识。《搬过来，搬过去》这本绘本讲述了长颈鹿与鳄鱼建设新家的故事，通过这个故事让孩子明白，当你与爱人结婚后，就需要共筑爱巢。

任何事业都将为幸福服务，一个为家庭负责的男人才拥有幸福的资本。

第六章
洞察男孩的内心动机，培养有力量的男孩

亲子互动

放暑假时，一家大小都玩手机，小龙也特别喜欢玩手机。为了引导他正确玩手机，我问道："你儿子将来喜欢玩手机怎么办？"

"首先，我要做好榜样，再跟他约定玩手机的时间！"

"那到了约定时间，他还不放下怎么办？"

"我现在就给哥哥拍张照片，以后告诉我的宝宝，你看他就是一直玩手机，把眼睛都玩近视了！他害怕就不玩那么长时间了！"表哥当时就戴着眼镜，躺在对面玩手机。

第七章

读懂男孩不合礼行为，培养有礼貌的男孩

Chapter 7

1 不打招呼
——道德意识没上升到成人的高度

妈妈育儿事

"快叫阿姨啊，怎么不打招呼？真是没礼貌的孩子！"

"龙老师，我家孩子看到谁都不打招呼，他怎么那么没礼貌？每次在邻居面前，我都觉得好尴尬！"

……

无论是在生活中，还是在接受妈妈们的咨询中，我总会时不时地听到这样的声音。每每听到这样的话语，我都为这些孩子鸣不平。

甚至有一个妈妈还为"孩子不跟陌生人打招呼"而忧虑，这种心情让我难以理解。我们不是都教育孩子不跟陌生人走吗？还能教孩子主动跟陌生人打招呼？

在大多数父母看来，看到谁都打招呼的孩子就是有礼貌的孩子，就会被他人夸"这孩子嘴巴甜，有礼貌"，父母也因此觉得倍有面儿。

相反，如果孩子见到谁都一声不吭，即使父母在旁边提醒："叫阿姨啊！"孩子依然低着头，沉默不语。父母就觉得脸上挂不住，特没面子，就忍不住责备说："这孩子怎么那么没礼貌？"有些父母甚至直接批评孩子"你怎么回事啊，让你喊人，你不喊人？"

孩子不打招呼，父母就这样给孩子贴上"没礼貌"的标签。父母哪里知道，这不过是自己站在成人的角度用道德的标准来要求孩子而已。

对5岁前的男孩来说，他们并不懂礼貌这个词是什么意思？更不懂为什么跟人打招呼就是"礼貌"，不打招呼就是不"礼貌"？

小龙对"礼貌"的理解让我陷入思考。小龙刚会叫"阿姨"时，只要看到一个女人，他就会上前对着人家喊"阿姨"。记得有一次带他去朝阳公园玩，见到一位小女生，他也跑去人家面前喊"阿姨"，弄得那个小姑娘特不好意思，只是看着他笑，却不给予回应。

那时，大家都夸"我把孩子教得好，很有礼貌"。我心里其实很清楚，小龙那叫有礼貌，他根本不懂什么叫礼貌，他只是觉得叫别人"阿姨"，别人会答应他，他觉得很神奇。所以，看到女人就管人家叫"阿姨"，看到男人就叫"叔叔"。

果不其然，过了一段时间后，他看到谁都不吭声了，即使是小区里特别熟悉的爷爷奶奶，也不喊人了。

见到他这种情况，我又转变思路，用提问的方式引导他打招呼。比如，看到一位老爷爷，我就问："宝贝，你是应该叫他爷爷，还是奶奶啊？"

"爷爷，爷爷！"

老爷爷笑嘻嘻地回应他。

不过，两岁后，随着他自我意识的发展，我的小把戏在他那里就不见效了。即使我提醒，他也不吭声。我带着他一起读《小熊宝宝》绘本，其中有一个故事是《你好》，想通过绘本引导他理解礼貌这个词。可是，模仿了几天，他又慢慢忘记了。我只好努力做好榜样，看见认识的人，都积极主动地打招呼，希望影响他。结果，他丝毫不受影响，依然我行我素。

这样的行为一直持续到上幼儿园。幼儿园每天早上上学时，老师都会站在门口排队迎接小朋友,小龙开始还例行公事,见到老师打招呼,并且还行鞠躬礼。很快,他跟老师打招呼的热情也逐渐减退,慢慢地变成了不吭声。

这时我觉得很有必要跟他探讨"对老师要讲礼貌",不过,我很快就发现他丝毫不在意。而且看到同学时,不是上前打招呼,还故意跑开,这让我难以理解。不过,我知道4~5岁是儿童道德总体发展最为迅速的时期,所以,我又放弃了。

惊喜往往在无意中出现,两年后的一天早上,小龙跟我说:"妈妈,你没发现吗?我最近特别有礼貌,我看见老师就打招呼了,看见同学也打招呼了。"

果然,从那以后,他成了一个特别有礼貌的孩子,只要是认识的人,远远地就大声打招呼。

妈妈烦恼一扫光

面对孩子不打招呼这件事,大多数家长都给孩子贴上"不礼貌"的标签,其实,不是孩子不礼貌,而是他的道德意识还没有上升到成人的高度。

一般来说,2岁左右的孩子处于道德的"无律"阶段,他们并不能对自己的行为做出一定判断,更不知道什么是对,什么是错。

随着自我意识的发展,孩子3岁时,他的品德便开始萌芽。4~5岁时,随着孩子对自我进行积极评价,他们便开始评价自己哪些行为是对的,哪些行为是错的。很多孩子就在这个年龄段明白自己见人就打招呼是受大家欢迎的。得到外界的肯定,他们慢慢就会规范自己的行为。

与此同时,孩子的理解能力也获得了前所未有的发展,开始理解"礼貌"的意思，并明白它是一个好词，自己也愿意做一个懂礼貌的孩子。

孩子的成长都有自身的规律，道德也不例外，而且道德往往看不见、摸不着，讲起来也非常空洞，难以真正让孩子理解。所以，父母在尊重孩子的自身成长规律时，更重要的是从自身做起，放下焦虑，规范自己的言行举止，如果你懂礼貌，孩子自然就会懂礼貌。

亲子互动

"妈妈，我这样的行为是有礼貌的行为吗？"在放学回家的路上，小龙朝我一边扮鬼脸，一边问道。

"不是！"

"那这样呢？"他一边朝着我笑，一边用手拍自己的屁股。

"不是，你向妈妈很绅士地伸出手说：'妈妈，我们握个手。'这就是礼貌的行为！"小龙听了，就朝我伸出手来握手。

2 在超市"偷"东西
——不理解"偷"的危害

妈妈育儿事

在蓝眼兔公众号上相继发表了《孩子逛超市是有教养，还是任性耍泼？完全看父母怎么做》《带孩子逛超市堪比上早教课，父母做到了，孩子将悄无声息地获得这几种能力》这两篇文章后，有一位妈妈特意联系我，给我发来了这样的一条信息：

"龙老师，您好，我看了逛超市那两篇文章，感觉非常好，要是早看到就好了。我现在有一个特别困惑的问题，我不知道怎么办，所以特意请教你。我儿子今年刚6岁，他一向很懂事，很听话，我也一直感到很自豪。

可是，今天上午发生的一件事让我感到不可思议。上午去超市，逛完超市后，我去付款，孩子仍在超市里逛。我以为他只是看看，没想到，超市人员竟然拉着他找到我，指着他手里的奥特曼说：'他偷玩具。'

我顿时恼羞成怒当场甩了他一耳光，他明明眼角含着泪水，但一直强忍着没哭出来。看到他脸上的手指印，我既惭愧，又难过，我这样做是不是太极端了，我应该怎么去引导他？"

听到这位妈妈的讲述，我不由得想起了自己的经历。我记得自己7岁左右时，过年跟爸爸妈妈上街买年货。

第七章
读懂男孩不合礼行为，培养有礼貌的男孩

爸爸妈妈在那里称红糖时，趁大家不注意，我伸手从切碎的红糖中拣了一块塞进嘴里。我这一行为立即被大家逮了个现行，卖红糖的叔叔笑着说："看这妹仔馋得。"

而爸爸妈妈却威胁我说："下次再这样，就把你当在这里了，不让你回家了。"当时听到大家的话，我的脸红一阵白一阵，呆呆地愣在原地，紧张得不知所措，生怕大家再说什么。

不过，大家都没再说什么，爸爸拉起我的手继续去买其他东西。这件事虽然就这么过去了，但我从此却不敢肆意而为。

想到这里，我急忙问道："孩子现在什么情况？"

"还好，回家后，就自己坐在沙发上玩手机。我也不知道跟他说什么，所以就想问问你。"

"如果是你拿了超市的东西，被工作人员抓了个现行，当作'小偷'一样训斥，而你最亲的人又直接给了你一巴掌，你会是什么感受？自尊心受到伤害，羞愧不已，无论面对谁，都会觉得抬不起头来，因为大家都认为你是'小偷'，你甚至也会怀疑自己是'小偷'。"

"我现在冷静下来，我也意识到这件事的危害性，可我也不知道怎么办！"

"孩子在超市拿东西确实是一种错误的行为，你能认识到孩子的错误很好。不过，就是处理问题的方式有些极端。对6岁的孩子来说，他其实并不理解'偷'这个字的意义，更不知道这样做的危害性。

"所以，面对工作人员的指责，我觉得你应该站在孩子这边，可以先向工作人员赔礼说：孩子可能还不太能理解'偷'的意思，还请不要给他贴上'偷窃'的标签，他可能忘记拿奥特曼来付款了，孩子以前从没犯过这样的错误，我相信他不是故意的。

"先站在孩子这边,维护他的尊严,回到家以后,再细细询问孩子是怎么回事,弄清楚事情的起因,再告诉孩子外面的东西都需要先付款,才能拿走,并且让他保证以后不再犯这样的错误。

"而不是站在孩子的对立面,觉得孩子的行为有损自己的面子,不分青红皂白地打孩子一顿。当然,妈妈也需要进行自我反思,想想自己平常是不是太苛刻孩子了,孩子的需求没有得到满足。"我一口气回了这么多具体的解决方法。

"可能是他最近总喜欢买奥特曼,我觉得家里都有,就总是拒绝给他买。我一会儿跟他好好聊聊。"也许最后一点跟这位妈妈产生了共鸣,她仿佛一下子找到了问题之所在。

妈妈烦恼一扫光

对孩子在超市"偷"东西这种行为,成人都会站在自己的立场给孩子贴上"小偷"的标签,甚至有"小时偷针、长大偷金"的忧虑。正因为如此,很多孩子从此成了真正的小偷。

成人往往站在自己的角度,用成人的标准去要求孩子,却从未站在孩子的立场去理解孩子的内心感受。

孩子在超市"偷"东西确实是不对,但未必就要上升到道德层面。对于6岁的孩子来说,他一方面正在理解"偷"这个字的意思,另一方面因为太想要这个东西,而妈妈又不给自己买,所以就存有侥幸心理,想偷偷地拿走,根本不知道自己这种行为可能产生什么后果。

6岁孩子的自尊心已经发展起来了,当他"偷"东西这个行为被抓个现行时,他也羞愧不已,只是大家都看不见他内心的羞愧,企图用打骂的方式让孩子知错改错,殊不知这样反而加剧了孩子的对抗心理。

第七章
读懂男孩不合礼行为，培养有礼貌的男孩

关于孩子这种行为的引导，我觉得我们更应该向著名教育家陶行知学习，我们先来看看他四颗糖的故事：

有一次，一个男孩子拿泥块砸自己的同学，同学告到了陶行知校长那里。陶行知命令他放学时去校长室。

放学后，陶行知来到校长室，男孩早已等候在此。本以为会被狠狠批评一顿，不料，陶行知却笑着掏出一颗糖果送给他，说："这是奖给你的，因为你按时来到这里，而我却迟到了。"

男孩非常诧异，伸出怯怯的手接过糖果。结果，没想到的是，陶行知又笑着掏出第二颗糖来说："这是奖励你的，因为我不让你打人时，你立即住手了，这说明你很尊重我，我应该奖你。"

男孩更加惊讶了。陶行知这时又掏出第三颗糖给男孩说："我调查过了，你用泥块砸那些男孩，是因为他们欺负女生；你砸他们说明你很正直善良，且有跟坏人做斗争的勇气，应该奖励你啊！"

男孩感动极了，流着眼泪说："陶校长，我错了，我砸的不是坏人，而是同学……"

陶行知满意地笑了，他随即掏出第四颗糖果递给男孩说："为你正确地认识自己的错误，我再奖给你一块糖，我没有多的糖果了，我们的谈话也可以结束了。"

同是面对孩子的错误，陶行知没有当众批评那个孩子，不仅维护了孩子的尊严，而且还用正面管教的方式奖励孩子做得对、做得好的地方，让孩子自己认识到自己所犯的错误。

然而，大多数父母在面对孩子那貌似不可饶恕的错误时，不分时间、不分场合，任由自己的怒火去指责、打骂孩子，摧毁孩子的尊严。这就是为什么很多孩子当众被羞辱后，会选择结束生命来"反抗"的原因。

父母今天能否处理好孩子这一行为，对孩子的一生都会产生重要影响：一位小男孩的母亲，被告知孩子偷拿了邻居的钱。得知这个消息，她并没有恼羞成怒，而是详细了解事情经过以及认真听孩子的诉说，然后说了这样一句话：我可以赔你们的钱，但我相信我的孩子没有拿。

果然，第二天，邻居的钱找到了，并登门致歉。长大后的小男孩忆及此事，总是充满了对母亲的感激之情，非常感谢母亲当年站在了他这边，没有站在他的对立面去指责他。

所以，无论多么不堪，请站在孩子这边，去感受他的不堪，去维护他的尊严。因为你的面子永远没有孩子的健康成长来得重要。

而且孩子的每一次犯错都是一种成长，当你看见孩子的处境，当你感受到孩子的难堪，那么你才能用爱让孩子意识到自己的错误，并促使孩子把错误转化成成长的养料。这才是父母应该做的事，而不是借着孩子的错误来发泄自己的愤怒。

亲子互动

"今天你去付款啊？"在小龙三岁多时，我就给他准备了纸币，让他自己去付款。

虽然他那时对纸币没有多少概念，也不知道该找多少钱，但我只是想让他明白买东西是要需要付钱的，付完钱才能拿回家。

从小给孩子树立这样的认知，孩子就不会轻易从超市拿东西。

3 "偷"手机去卖
——尝试弄懂买卖这件事

> 妈妈育儿事

五年前的一天,嫂子突然打电话给我说:"龙娃竟然把家里的手机偷去变卖了,一千多块钱的手机就这么没了。"

听到嫂子这句话,我的第一反应觉得这是一个误会,便急忙问道:"你们怎么知道他把手机拿去变卖了?"

"这几天你哥的手机出问题了,就找那个旧手机用用,结果家里的哪个地方都找遍了,都没找到。最后,问他看到没,他才吞吞吐吐说:'弄丢了。'问他怎么丢的,他才说出:'拿去卖了!'"

"你哥要打他,我拦住了,我先给你打个电话,看看有没有更好的处理方式?"

我一听嫂子的话,基本上能想到家里乱成一锅粥的情况,想了想说:"这个事可大可小,往大了说,他养成习惯就麻烦了,现在偷家里的手机去卖,将来就可能偷别人家的东西去卖;往小了说,他还没明白这件事的危害性,可能是想把手机换成钱,然后去买什么东西。换句话说,他正在尝试弄懂买卖这件事。

"在这种情况下,你应该庆幸,他在你还能管教的年龄犯了这样的错,你还有引导他改正的机会。把这次经历当作给他上人生重大课程的一次机会,让他认识到错误,他就成长了,将来就会明白不能触碰这根红线。

"假如他长大了,在你没有能力去管教的情况下犯错,那么就只有国家或者社会来管教,那时怎么管教就由不得你了。所以,你先让自己冷静下来,然后心平气和地问问他是怎么回事。"

"好,我来问问他。"

大约又过了半小时,我忍不住打电话过去,嫂子接起电话说:"我刚想跟你打电话呢,你就打过来了。真是气死我了,他听他那个小伙伴的话,把那个手机以35元钱卖给了收手机的,然后,两人又拿这35元钱去买了一堆零食,两人分着吃完了。你说这娃儿傻不傻嘛,傻到这份上了。"

听到嫂子这番牢骚,我忍不住笑了:"你儿子此时此刻也可能觉得自己傻,但事已至此,责怪他也没用!"

"也没责怪他了,他说他知道错了,以后不会再这样了!"

"那就好!"

挂断电话,这件事依然萦绕在我脑海中,那个周末,我特意回了一趟娘家,又跟嫂子说了说这事:"孩子之所以会犯这样的错误,除了无知、上当受骗以外,还有一个重要的原因,就是你们没有给他零花钱。他8岁了,可以适当给一些零花钱的。"

嫂子想了想,觉得很对。后来,我每个月回娘家时,总会给侄子准备20元零花钱,让他学会花钱,学会弄明白买卖这件事。

从那以后,侄子再没犯过这种错误。最让我高兴的是,从那次变卖手机事件以后,侄子跟嫂子的关系亲近了不少,他开始愿意跟嫂子说自己的心里话。

我在文章《自杀式网络游戏"蓝鲸"就在身边,告诉孩子不伤害自己有多重要》中就写道,侄子的同学玩网络游戏"蓝鲸",并邀请他一起玩,侄子觉得这个游戏有一定的危险性,就把这事告诉了嫂子。

在得知这个消息的那一刻,我真庆幸嫂子跟侄子有了很多心理上的交流,让侄子在对某些事有疑惑时,能够想到跟妈妈说,能够想到来听取大人的意见。

妈妈烦恼一扫光

偷手机去卖这种行为看似特别不道德,也特别容易让父母担心孩子以后养成"偷"的习惯。殊不知,孩子对"偷"与"拿"家里的东西并没有什么概念,也不知道自己"偷"手机去卖会产生什么样的后果,只知道手机可以卖钱,对手机、对钱都没任何概念,不管多少就拿去卖了。

"知行合一"才是教育的目标,面对孩子出现的原则性错误,我们不仅要让孩子知道不可为,还要让孩子知道不可为的原因,让孩子从内心深处树立起"不可为"的原则;还要让孩子懂得当自己拿不定主意时,要跟父母商量。只有理解孩子的父母,才能跟孩子成为朋友。

在父母尚能管教的时候,你的暴力让孩子害怕,让孩子只知道不可为,却不知道为何不可为。当孩子一旦离开父母可管教的范围,他也许能记住不能偷东西,却未必能知晓偷东西是违法行为的一种。

教育孩子难就难在懂孩子,很多父母都是站在道德的制高点去指责孩子,却不知道每一次犯错都是孩子成长的机会。

《孩子在超市"偷"东西——不理解"偷"的危害》这篇文章被推送到腾讯网以后,引来了网友的一片热议,评论有三百多条,着实有些出乎我的意料。

在写作之余,我细细地查看这些评论,更让我诧异的是,几乎有一半的评论都觉得孩子这种行为应该当众扇耳光，甚至觉得当孩子伸出手去拿东西的那一刻，他就毫无尊严可言；有些评论甚至说，孩子被别人羞辱，被父母当众扇耳光后就去跳楼，这样的孩子太玻璃心了；当然也有评论指责我指导父母用温和的方式去引导孩子认识自己的错误，这样的方式纯粹是纵容孩子，为社会培养"小偷"……

每一篇文章刊发出来，都将接受读者的各种评价。读者抨击我，我倒觉得在情理之中，各自有各自的看法与立场，可是，大家对一个第一次犯错的6岁孩子竟然如此苛刻，实在让我震惊。

我一向倡导成人要多给孩子一些包容和理解，"人非圣贤，孰能无过。"何况是孩子？也许有人会说，这孩子在超市"偷"东西犯的是原则性错误！正因为是原则性错误，父母才更应该谨慎对待，而不是打一顿了事。如果一个孩子因为没有认识到错误，内心的需求没有得到满足，那么在父母暴力不能解决的范围内依然会重复犯这种原则性错误。

让一个人认识到错误靠的不是暴力，而是温和且正确的引导方式。我不知道大家有没有听过一个故事：

> 太阳与狂风打赌，看谁能让人们把衣服脱掉。为了让人们把衣服脱掉，狂风鼓足劲头吹风，结果，它吹的风越大，人们把衣服裹得越紧。而太阳则不一样，它只是微笑着散发出它的光芒，当它的光芒照射在人们身上时，人们开始觉得热，情不自禁地把衣服脱掉了。

可见，暴力并不能解决问题，还会让人起逆反心理。有时候明明知道是自己错了，因为逆反心理作祟，父母越是禁止的事，孩子可能越要做。

相反，如果父母能看到孩子内心的需求，能感受到孩子内心的羞愧，用温和的方式去引导孩子认识自己的错误,让孩子明白不能犯这样的错误,那么孩子不仅会改正自己的错误,还会向你敞开心扉。

亲子互动

"这是你的钱,这是妈妈的钱,妈妈需要用你的钱的话,妈妈就得向你借钱,用了钱还要还你。"在小龙四岁多时,我就把压岁钱交给小龙自己保管,明确告诉他那是他的钱,他有权支配,即使是爸爸妈妈拿他的钱,也得向他借。

因为从小培养了这样的意识,有时候借了他的钱久久没还时,小龙还会直截了当地问:"妈妈,你借了我那一百元,什么时候还我啊?"

父母要身体力行,从小让孩子理解"拿""借""偷"的不同行为与不同意义。

4 将鞋子扔向妈妈
——愤怒的攻击行为必须制止

妈妈育儿事

上周六的中午,爷爷做饭时,小龙扑进我的怀里:"妈妈,有你在,我什么都不怕。"听到他这句话,我激动得连着给了他几个吻。

然后,我陪着他一起玩起了宝宝巴士。玩了一会儿后,爷爷喊吃饭。我一边去准备筷子、碗,一边故作惊讶地说:"哎呀!爷爷今天怎么做了这么多好吃的,那个小孩要不要吃饭啊?"想要用美味的食物来诱惑他。

没想到,小龙放下手机,抬起头来说:"妈妈,我才玩了四次宝宝巴士,你就喊我吃饭了。"

没达到理想中的效果,反而遭到了不痛不痒的指责。于是,我说:"哦!妈妈喊你吃饭不对,是吧?那你就继续玩宝宝巴士吧!我们吃我们的饭,吃完饭就洗碗,那个小朋友就不用吃饭了,因为他玩宝宝巴士就玩饱了。"

说完这话,我就开始摆筷子。然而,让我做梦也没想到的是,他突然朝我冲了过来,并将两只拖鞋一一向我扔来。

我一下愣住了,好一会儿没反应过来。刚才还那么深情、那么可爱的小男孩怎么一转眼就变成了一个没教养的熊孩子。一股怒火开始在我心里熊熊燃烧,但怒火并没有烧掉我的理智,我没有任何表现,更没有当着爷

第七章
读懂男孩不合礼行为，培养有礼貌的男孩

爷奶奶的面朝他大发脾气，而是直接把他拎进了卧室里，并关上了门。

小龙好像已经感知到自己即将接受处罚，在我拎他进卧室时，他胡乱地蹬着腿，大哭大闹着。我丝毫不理会他这些哭闹，把他放在墙角处，让他面对墙壁而站。

"你尽情地哭吧，哭够了再好好反思一下哪里做得不对。"说完，我就坐在他的身后，看着他站在墙壁处。

小龙面对着墙壁，嘤嘤哭泣，声音从大到小，并慢慢停止了哭泣。大约过了五分钟，我问道："哭完了吗？有没有想清楚自己哪里做得不对？"

"妈妈，我错了，我不应该用鞋子扔你！"他慢慢转过身来，揉着眼睛小声对我说。

"大声点，妈妈没听见！"

"妈妈，对不起！我不应该用鞋子扔你！"他说得大声一些。

"知道错了，妈妈就不批评你了！知错就改的孩子就是好孩子，妈妈依然爱你。"说完，就将他拥进了怀里。

"妈妈，我以后再也不用鞋子扔你。"他扑进我的怀里喃喃自语道。

"不仅不能用鞋子扔妈妈，也不能扔爸爸、爷爷、奶奶，还有老师、小朋友。妈妈以前没有这样扔过你吧！"

"没有！"

"好了，那今天这事就这样过去了，虽然你今天犯了错误，但妈妈觉得你能自己发现错误就是你最大的进步。"说完，我打开门，拉着他的手走了出去。

妈妈烦恼一扫光

看了上面的文字，听过我的课的妈妈可能会感到很疑惑，"龙老师，小龙两岁多时因为生气打了你，你给了他一个拥抱，并告诉他'即使你在很生气的时候，也只是轻轻地打了妈妈一下'，为什么在他四岁多时，面对类似的行为，却要如此严厉地管教他呢？"

其实，三岁是孩子成长的一个坎，孩子三岁以前，无论认知还是思维能力，都处于一个启蒙阶段，而且在三岁以前发生的事，他往往都没有记忆。在这个时期，怎么爱孩子都不过分，他的很多行为不受他自己控制，没有对错好坏之分。

所以，在这个时期，妈妈更需要做的事就是放下自己的焦虑，给他提供充满爱、有利于他成长的环境，帮助他迅速渡过那段特别的时期，即使出现了一些很过分的行为，妈妈也要努力从正面引导，多肯定他好的一面，少批评指责他。

然而，孩子3岁以后又进入一个新的成长阶段。尤其在4岁这一年，他已经能辨别自己哪一种行为是好的，哪一种行为是不好的，自控力也开始发展。所以，在这个时期，妈妈需要引导孩子去分清哪些行为是好的，哪些行为是不好的。好的行为要发扬光大，不好的行为要学会摒弃。

我必须让他明白用鞋子扔妈妈的这种行为是不对的，也是不可为的，这种行为不仅可能伤害到妈妈，也是对妈妈的大不敬。

孩子的成长是以家庭为轴心的，更以父母为轴心，再呈螺旋式发展。如果我不能让他意识到不能用鞋子扔妈妈，那么他将来在愤怒时就可能用鞋子扔爷爷奶奶，甚至他未来的媳妇与孩子。所以，我必须将他这种行为扼杀在萌芽中。

所幸的是，小龙通过面壁思过意识到了自己的错误，并勇于认错。当孩子能简单判断对错时，其实也是培养孩子自我反省的重要时机。所以，我们在面对孩子所犯的错误时，最好不要直接指出他所犯的错误，而应该给他自我反省的机会，让他去认识自己的错误，并寻找正确的做法。

不同年龄有不同的引导方法，无论是小龙2岁多时打我的行为，还是这次用鞋子扔我的行为，虽然我的引导方法不同，态度也不一样，但最后都取得了满意的效果。

有些妈妈可能也会感到疑惑，那孩子说脏话为什么要弱化，而不是强烈制止呢？这里有一个判断标准，用鞋子扔妈妈是愤怒情绪使然，说脏话却不是情绪使然，而是在任何情况下都会说。所以，我们可以判定孩子用鞋子扔妈妈这种行为是偶然性的，不能让他形成习惯；而说脏话则是孩子成长过程中必经的一个阶段，我们弱化它，他就顺利渡过了那个时期。

总之，养育孩子没有一成不变的方法，父母要学会因势利导。

亲子互动

"这些都是妈妈愤怒的标志，我们一起把它们划掉吧！"那天，我在纸上画了几个"一团火"的图形，让孩子一个一个地帮我划去。

当他划去后，我就说："把这些愤怒的怒火划去后，妈妈就不生气了。你是不是也有愤怒的时候？等你愤怒的时候，咱们也这样划去，好不好？"

"好！"果然，后来有一次小龙生气了，自己就画了很多像火一样的标志，然后把它们一个一个地划去。

5 课堂上扮鬼脸
——刷"存在感"以获得关注

妈妈育儿事

一位妈妈在微信里给我发来消息：

"龙老师，我儿子被老师嫌弃了，让他一个人，没有同桌，坐在最后一排。还告诉他不要早到，赶上上课就行。孩子倒没什么，当然这肯定是我儿子的原因。因为他太闹，所以老师就不让他影响别人。"

看到这则消息，我能感觉到这位妈妈的气馁，大有一种"真的不知道怎么办好"的感觉。我记得她在前不久向我咨询过，提到孩子太淘气与说教式教育的问题，但后来的沟通却不了了之。没想到，她又给我发来了信息。

于是，我回道："你孩子上小学了，对吧？"

"是的，一年级！"我刚发出信息，她就回了信息。

"我侄子曾经也因为这样被老师批评，我嫂子也为此发脾气。不过，后来，我嫂子改变了，孩子的行为就改变了。所以，我觉得你还是没有看见孩子的需求，孩子没有得到理解，孩子正是通过这样的行为来寻求关注。"

"我是苦口婆心地说他啊，每天每天说'听老师的话，好好听课'。"见我这么说,她既委屈又着急,言下之意大抵是"我每天都说听老师的话,我还能怎样"。

"说教并不能教育好孩子,而且是最没用的教育方式。孩子不在意并不是真的不在意,他很可能是装出来的。"我回道。

"老师曾经把他一个人放第一排,可他就是不好好坐着,老师说他在前面做鬼脸,全班人都不得安生。我问他为什么,他说他想表演给他们看。我告诉他:不能这样,等老师让你表演的时候你再表演。"

如果我面对这种情况,我想我不会这样做。于是,我这样回道:

"如果我是你,我会这样跟孩子沟通:你很喜欢表演是吗?你想给大家带来快乐对不对?如果孩子回答'是',我会肯定他的爱好,并且非常惊讶地说:'哇,难道你会是下一个卓别林?'然后再跟他讨论是不是可以报一个戏剧兴趣班。在戏剧兴趣班里尽情表演,不仅能充分展现自己的才能,还能惹得观众哈哈大笑。不过,在课堂上就要安静听课,更不要打扰大家学习。下课后,或者放学后,可以尽情地给同学们表演,给他们带来欢声笑语。"

这位妈妈大约完全没想到还会有这样的引导方式,在一直回应的同时,最后表示尝试一下我的引导方法。

妈妈烦恼一扫光

每一个淘气捣蛋的孩子,其实都睁着一双渴望被关注、被看见的眼睛。他们用各种捣蛋的行为来刷"存在感",以此来吸引大家的目光,即使遭受谴责,即使受尽批评,他们也在所不惜,依然固执地遵从自己内心的想法,希望获得关注。

这种行为就像曹文轩《草房子》里的主人公一样，为了获得大家的关注，为了让大家注意到自己的存在，大热天穿一件棉衣去学校。这就是孩子，尤其是那些调皮捣蛋的男孩。

然而，大多数父母与老师只是看见了孩子那淘气捣蛋的行为，却没有看见孩子真实的内心需求。因为孩子这种行为有违常理，或者说离一个好孩子的行为相去甚远，所以，父母与老师就粗暴地阻止孩子的行为，用暴力、说教，甚至用惩罚的方式去制止孩子的行为，企图把他变成一个听话的乖孩子。谁也不理解孩子那颗需要被看见、需要理解的心。

记得看《地球上的星星》这部儿童电影时，看得我泪流满面。电影的主人公伊夏是一个8岁的男孩，他睁着好奇的眼睛打量着这个惊奇而快乐的世界，即使在上课期间，他也把脖子伸向窗外，去寻求外面世界的斑斓色彩。他用他独有的方式与这个世界进行着无声的交流，同时也享受着世间万物的赠予，眼中所看到的，心目中所感受到的，都成了他笔下最美的风景。

可是，这个充满奇思妙想的伊夏却是成人世界中的问题儿童，跟邻居孩子打架，学习成绩不好，上课做小动作，脑子里充满了各种匪夷所思的鬼点子……这样的他总是被老师罚站，通报家长，并要求家长领回家去。

小小的他无法忍受成人世界的各种批评指责，他逃课去大街上闲逛，见识了人生百态。然而，这次闯下大祸后，忍无可忍的父母将他送往了寄宿学校。

来到寄宿学校的伊夏，看到父母离去的车子，眼睛里含满了泪水，深深感受到了被抛弃的痛苦。所以，来到新学校的他依然是老师批评的对象，失去家庭温暖的他显得更加闷闷不乐，常常睁着一双忧郁的眼睛望向那片绿色的森林，蝴蝶在他的眼里不再翩翩起舞，青蛙的鸣叫声也不再悦耳，他彻底关上了自己的心门，即使面对尼克老师那自由奔放的课，他也沉浸在自己的世界里悲伤着，在其他孩子欢欣鼓舞地跟老师互动时，他依然不为所动。

所幸，美术老师尼克发现了这个忧郁的男孩，仿佛看到了当初的自己——患有阅读障碍症。即便得不到任何人的理解，他也尽自己所能，帮助尼克自由发展他的个性与思想。在他的帮助下，伊夏又回到了以前，世界又恢复了惊奇与欢乐，在克服阅读障碍症的过程中，伊夏还在绘画大赛中获得了一等奖。

每一个孩子都是独一无二的，他们有自己的缺点，也有自己的优点。可是，父母与老师往往只看见了他的缺点，并就此认为孩子一无是处，从而放弃孩子。

其实，优点与缺点彼此稍作转化，优点可能变成缺点，缺点也可能变成优点。所以，当我们见到孩子的某些难以理解的行为时，请多给予他们一些理解，蹲下身来，用心倾听孩子的真实想法。

就如我引导那位妈妈一样，当你看到孩子糟糕行为背后有利的一面时，用积极的方式去肯定他好的那一面，给予鼓励，给予正确指导，你会发现，原来金子总是藏在暗处。

当你发现孩子的优点时，你就看见了你的孩子；当你的孩子被看见时，他就获得了关注，就不会再故意去刷存在感。

亲子互动

"我们一起来玩变脸游戏,怎么样?"

"好啊!妈妈!"

说完,我就捂着脸说:"准备好,我要变脸了哈!"当我放开手时,我就露出一副无精打采的样子。

小龙看见后,就吵着说:"妈妈,我要变脸了。"说完就转过身去,再转过身来以后,他用两只手拉下下眼睑故意吓唬我。

做完这个游戏后,我们就一起在网上查看了一些脸谱图片与视频。

第八章

解读男孩的学习方式，培养爱学习的优等生

Chapter 8

1 "我为什么要上学"
——正试图理解上学这件事

> **妈妈育儿事**

开学伊始，原本喜欢上幼儿园的小龙一反常态，早上起床慢悠悠的，一边揉着眼睛，一边自言自语地说："上学没什么意思，为什么还要上学？"

听到他这个问题，我愣在了原地，脑子却快速转动着，想着怎么来回答他这个问题。在小龙刚上幼儿园不久，他也曾问："妈妈，你为什么要把我送去幼儿园上学啊？"

他那时年龄尚小，我就以他听得懂的话跟他说："你看啊，你不是说老师带你们做游戏，带你们跳舞，还带你们做手工，对不对？"

"对！"

"老师会的这些，妈妈都不会。所以，妈妈只能把你送去幼儿园，跟老师学习了。"

"哦，我知道了！"从那以后，他没再问过这个问题。

只是他偶尔会自言自语地说："上学能学到很多知识，能让我变聪明。"

没想到，两年后的开学季，他又问起了这个问题。这充分说明之前的答案已经无法满足他那颗寻根问底的好奇心,他正在寻找上学的意义。

妈妈烦恼一扫光

"我为什么要上学?"大多数孩子可能都会回答:"我妈妈让我上学的啊,她让我上学,我就上学了。"

不知道"为什么要上学",更不知道"为谁而学习",这两个问题正是阻碍孩子上学路上的两大拦路虎。

这就好像我们成人去做一件事却不知道为什么要做这件事一样,结果当然是当一天和尚撞一天钟,得过且过。

每一个孩子天生都爱学习,只是因为对上学这件事不够了解,才畏惧上学。所以,回答小龙"我为什么要上学"这个问题尤其重要。

那么如何回答他这个问题呢?我虽然很想用龙应台写给安德烈的那句话来回答他,"孩子,我要求你读书用功,不是因为我要你跟别人比成绩,而是因为,我希望你将来会拥有选择的权利,选择有意义、有时间的工作,而不是被迫谋生。当你的工作在你心中有意义,你就有成就感。当你的工作给你时间,不剥夺你的生活,你就有尊严。成就感和尊严,给你快乐。"

可是,不到6岁的他又怎么去理解那些深刻的道理呢?又怎么懂得何为选择的权利呢?

我又想从梦想的角度跟他探讨,可他对梦想也没有多少认知,又如何进行探讨?我甚至想把奥巴马开学第一课《为什么要上学》的视频放给他看,但我相信他依然似懂非懂。

思来想去,我突然想起《小魔怪要上学》这本绘本来。于是,我立即翻箱倒柜地找出这本绘本，经过一番寻找，终于找到了，我立即拿来给小龙读：

读完这个故事，合上书本，我问道："你现在知道为什么要上学了吗？"

"知道啦！上学有小朋友玩，还能让爸爸妈妈不吃小孩子！"

听完小龙的答案，虽然听上去很好笑，但实际上，它充分说明了上学读书能让人从"兽性"提升到"人性"，这正是人类文明的发展。

于是，我笑着补充道："上学就是为了让你做一个讲文明、懂礼貌的小孩，你看你小时候乱发脾气，现在就不乱发脾气了；自从上学后，你就懂得跟老师打招呼，懂得排队，懂得跟小朋友合作，是不是变得越来越讲文明、懂礼貌了？"

"是啊！我要做讲文明、懂礼貌的孩子！"说完，小龙迅速穿好衣服，洗漱完毕，背上书包去上学了。

回答孩子"我为什么要上学"这个问题，答案可能五花八门，但这样的故事不仅让孩子知其然，还知其所以然。其实，不同年龄段的孩子对上学这件事会产生不同的认知，针对孩子的认知层次，父母请用孩子能够听得懂的语言与他探讨。

对于4～6岁的孩子，当孩子问起"为什么要上学"这个问题时，我推荐父母给他读绘本《小魔怪要上学》，通过故事，让孩子自己去理解上学的意义。这种自我探索的好奇心将促使孩子在求学的道路上孜孜不倦地前进。

亲子互动

"你觉得为什么要上学啊？"有一天，我想考考小龙怎么理解上学这件事。

"可以让我成为一个懂礼貌、讲文明的孩子！"

"是的，这是非常重要的一点，人类比动物更高级，就是上学让人类更加文明。腹有诗华气自华，妈妈特有感触，妈妈这么多年坚持学习就取得了这样的成果。还有呢？"

"上学有小伙伴玩啊，还可以学很多知识，让我变聪明。"

"那学了知识做什么呢？"我进一步问道。

"让祖国生活得更加幸福！"国庆期间，带孩子参观大沽口炮台激发了孩子的爱国情怀。

2 "我今天没认真学习"
——被安慰的孩子学习更认真

妈妈育儿事

昨天下午放学时,小龙推开门就匆忙地跑向我,兴奋地说道:"妈妈,你看,我得的奖品。"我接过来,打开包装袋一看,一个小兔子橡皮擦和一个铅笔刀。

看着他那兴奋劲,我搂过他亲了亲说:"今天学围棋很认真是吗?所以,得到了奖品。"

"是啊,妈妈!"他一边放下书包,一边洋洋得意地回答我。

其实,以往也有得到奖品,只是这次这个奖品来得特别有意义,不仅仅是对他学习围棋的认真态度的认可,更是对他自信的一种褒奖。

记得上周三回到家,小龙一副闷闷不乐的样子。当时我也没太在意,忙着洗水果给他吃。后来,吃完水果后,他耷拉着小脑袋,像霜打了的茄子,蔫蔫地说道:"妈妈,我今天没有得到奖品,只得到了两张卡片,其他小朋友都得到了奖品。"说完,就去书包里,把那两张卡片拿了过来。

我感到非常诧异,一时没反应过来,定了定神,才问道:"没得到奖品,很难过,是吧?"

"是,妈妈!"

"为什么没有得到奖品呢?"我抱过他问道。

"因为我今天没有认真学习。刚上课时，老师在那讲，我还没准备好。"他嘟着嘴，用有些愧疚的语气说道。

一直以来，对于小龙上学，我只有一个要求，那就是认真学习，至于学到了什么，有没有得奖，我觉得那都不重要。所以，老师一直都反映小龙虽然下课很淘气，但上课学习很认真。我还颇为自豪，没想到，连这唯一的要求也没达到……一时之间，心里还是有点难以接受。听着他的话，看着他的表情，我大脑迅速转动着，想看看怎么引导他更好，这时，我突然想起我嫂子曾在朋友圈说过一个小孩英语考试的事。

一个二年级的娃说：我的英语考了37分，哎！我都对我自己无语了。这把我给笑倒……其实每个娃都很有想法！只是不够成熟……

想着想着，竟觉得这有异曲同工之妙，其实，每个孩子都想认真学习，都想考出好成绩来。可是，有一天没有认真学，或者说某一次考砸了，他们内心也非常难过，特有挫败感。能否化挫败感为动力，除了孩子自身的心理素质以外，最重要的就是父母面对这件事的态度，是给予鼓励，还是批评指责。

于是，我努力平静了下来，然后轻声安慰道："偶尔一次不认真没关系，妈妈觉得你能认识到自己的错误才是最重要的。下次认真学就好了。"

"妈妈，我以后会很认真学的，我相信自己。"说完，还朝我举起了小拳头。

听到他这句话，看着他一副自信满满的模样，我更加诧异了，不知道他什么时候学会给自己打气了，还开始自我激励了。要知道凡是成就大事者，都必定懂得自我激励，即使跌至人生谷底，他们也会通过自我激励，打一个漂亮的翻身仗。哈哈，难道这表明他具备成大事者的素养了吗？我暗自得意了一把。

于是，我笑着说："嗯，妈妈也相信你。"

"妈妈，我知道你相信我。"

听到他这句话，我突然想起我的新书《孩子，你是最好的自己》的封面推荐语："我爱你，是希望你借着我的爱学会爱自己。"看来，信任也是如此，我相信你，是希望你借着我的信任学会相信自己。

想到这里，我突然特别庆幸自己在他跟我说"今天没有认真学习"时努力让自己冷静了下来，没有一句责备的话语，反而给了他安慰与宽容。得到理解的他，开始化挫败为力量。果然，这周三的围棋课，他再一次得到了奖品。所以，这两个小小的奖品更加增强了他相信自己能做到的力量。

妈妈烦恼一扫光

当孩子出现学习不认真的问题时，大多数父母都以指责、批评的方式去教育孩子，希望孩子引起重视，能够认真学习，考出好成绩。

我们哪里知道，在孩子对学习充满挫败感时，我们的指责、批评让我们站在了孩子的对立面，而不是与孩子并肩作战，共同面对学习问题。当我们站在孩子的对立面时，孩子就会孤军作战，不知道怎么化挫折为力量，更多的是自暴自弃，或者以默不作声的方式作消极抵抗。时间长了，心里累积了太多的负面情绪，无法集中注意力，就更加无法认真学习。学习越不好，家长越着急；家长越着急，孩子就越焦虑，学习越不好。这就陷入了一个恶性循环中。

要想打破这种恶性循环，父母就得拿出一种并肩作战的态度来对待孩子的学习，不是埋怨，也不是指责、批评，而是共同面对。

如果说最高级的爱就是与孩子并肩作战,那么当孩子考试成绩不理想,或者学习状态不好,父母请不要站在他的对立面去指责他,而应该跟他一起去面对学习问题。你此时的态度就决定了孩子学习的未来。

父母在孩子说"我今天没有认真学习"时,应冷静思考,孩子之所以说这句话,一方面是基于对父母的信任,向父母坦诚自己的错误;另一方面是需要获得父母的安慰与鼓励,从而获得认真学习的动力。如果父母能够没有任何责备,而是给予理解,给予安慰鼓励,孩子就会自己给自己打气。当孩子在学习中懂得自我激励时,就激发了他认真学习的动力,他自己就会有意识地要求自己做到认真学习。

孩子只有自己想认真学习时,他才能真正做到认真学习,才能真正感受到认真的力量。

亲子互动

"妈妈,我可以说窗外下着雪花吗?"窗外雪花飞舞,小龙看着看着,突然问道。

"可以啊!"我肯定地回答道。

"窗外下着雪花,它像一片片树叶从天上落下来!"

"然后呢?"

"它落到了地上,软软的,小朋友踩在雪地上吱吱响,好喜欢啊!在太阳的照射下,雪化成了水!"

优秀的作文从此开始。

3 怎么教都不会
——不是孩子笨，而是学习也有规律

妈妈育儿事

一天，小龙做作业时突然说："妈妈，我知道口算怎么做得更快了！你看16-（ ）=9就是16-9=7嘛，18-6就是8-6再加10，等于12嘛！"

听到他这句话，我激动得眼泪都快掉下来了，真想大喊几声"你终于开窍了"。在一年级上学期考试前的那段时间里，为了他期末考试不至于垫底，我特意让他反复练习8+6=（ ），14-6=（ ），14-（ ）=8。

8+6=14，可是，14-6就等于10了。看着他掰着手指头一道一道地算，结果还时不时地算错。我真的想不明白，这么简单的题，只要把数字换个位置就可以了，他还一道一道地算，还算错了。

而他的同学却轻而易举地得出了答案，5分钟完成50道题那都不是事了。想到这里，真是怒火攻心，真想噼里啪啦吼他几嗓子！

可是，看到他委屈的小模样，我硬生生地把怒火压了下去，一遍又一遍地默念："亲生的，亲生的，付出与收获从不在同一季节，零基础上小学，哪有那么容易，期末考试能考多少就考多少，垫底就垫底。别的孩子幼儿园就开始学了，100以内的加减法都能算出来了，我们拿什么比？"这么想着，心里便平和了下来。

没想到，不到一个月时间，孩子自己就突然发现了口算的规律，便有了开头的那一幕。

于是，我立即表扬道："哇，你终于开窍了，总算找到20以内加减法的规律了。妈妈觉得你以后做口算会突飞猛进。"

"可是妈妈，我们班上有一个同学都会做100以内的加减法了！"

"你也可以啊！"我继续鼓励道。

"不行，100以内的加减法太难了！"可能是上小学这段时间受到了太多的打击，他显得很不自信。我本想鼓励他，但又想还没到来的事情，口头鼓励也起不到什么作用。

没想到，两天后的一天早上起床，我无意中问道："20加10等于多少？"

"30！"小龙想都没想，一口就算出来了。

"47加12呢？"我进一步问道。

"59！"

"35加5呢？"我瞪大了眼睛。

"40！"

"53加3呢？"我有些不敢相信自己的耳朵。

"56！"

听到小龙全部答对，我诧异极了，忙问道："你怎么一下全都会算了？"

"妈妈，我会算20以内的加减法就会算100以内的加减法了啊！"我一下把他抱起来转了几圈，那时最深的感受就是凡事都有迹可循，遵循规律，事半功倍，学习这件事也不例外。

再次让我吃惊的是，过了几天，小龙开始给我出题："妈妈，13-100等于多少？"

"你还不会做这种题！"我刚说完就后悔了，觉得自己先入为主了，于是又改口说："我不知道啊，你说等于多少？"

"负86！"

我再一次惊讶得瞪大了眼睛，他什么时候还得出负数来了，赶紧问："你怎么知道负数的？"

"妈妈，你说过啊，我还知道负数的数越大实际越小！"

孩子的世界真的好神奇，好像打通了任督二脉，一下都通了！我平抚了一下思绪，然后进一步问："10-3等于多少啊？"

"等于7啊？"

"13-100等于多少？"

"负87！"

又大约过了一个星期，那天上网课，老师出了一道题："2小猫+1小狗=14，小猫加小狗=11，小猫与小狗各等于多少？"（小猫与小狗用图表示）

小龙信心满满地提交了答案，没想到显示错误。小龙一下感到特别气馁，嚷嚷说："我不会做，我不要做这道题了，我不要做这道题了！"

我当时深深地感受到他内心的挫败感，赶紧安慰说："我都不会做这道题呢？你不会做很正常啊！"在我的安慰下，他才慢慢安静下来。

没想到，第二天早上起床，他自言自语地说："妈妈，昨天晚上的那道题其实就是两个妈妈+一个爸爸等于14，一个爸爸加一个妈妈等于11，妈妈等于多少，爸爸等于多少？"

"不知道!"

"爸爸等于8,妈妈等于3啊!"

"妈妈,这道题还可以换一下,一个柠檬+一个柠檬+一个苹果等于20;一个柠檬+一个苹果等于15,苹果等于几?柠檬等于多少?"

"不知道!"

"苹果等于10,柠檬等于5啊!"

话说,我都被绕晕了,但没想到孩子不仅做了出来,还学会了举一反三,我激动的心情真的无以言表。

妈妈烦恼一扫光

见证了小龙这一段学习经历,我不由自主地想起了著名的双生子实验。美国心理学家格塞尔选择了一对身高、体重、健康状况都差不多的双胞胎,哥哥在出生后的第48周开始练习爬楼梯,每天练习十分钟。在第54周时,哥哥自己终于能独立爬楼梯了,而弟弟在第53周开始练习爬楼梯。让人诧异的是,同样的训练强度和内容,弟弟只用了两周就能独立地爬楼梯了。弟弟学得晚,尽管用时短,但效果不差,而且对爬楼梯这件事更有兴趣。

这让格塞尔感到惊奇,他又在其他学习领域进行试验,比如识字、穿衣。最后得出一个结论:任何一项训练或教育内容针对某个特定的受训对象,都存在一个"最佳教育期"。

小龙大概就是迎来了"最佳教育期",所以,他在练习口算方面取得了突飞猛进的进步。然而,大多数父母都像我那样,在看到别人家孩子那优异的学习成绩时就乱了分寸,受焦虑感驱使,我们总想把自己所知道的简便方法灌输给孩子，结果教了很多遍以后，孩子依然学不会，挫败感便油然而生，于是便愤怒地指责孩子："别人都会，就你不会，你为什么这么笨？"

更有一些家长，孩子越不会，越让孩子拼了命地练习，或者参加各种课外学科辅导班，即使孩子坚持了很长时间都没有进步，父母也让孩子坚持，导致孩子苦不堪言。

殊不知，在我们看来非常简单的题，在孩子还没理解的时候，却难于登天，而且孩子的学习有规律，如果孩子不能遵循规律去完成，单凭努力往往事倍功半。所以，很多孩子陷在题海中，却没有时间去思考，更没有时间去寻找它的规律，所以就陷入了恶性循环中，越学越疲惫，越学越厌恶。

所以，当你怎么教孩子都不会时，不是孩子笨，也不一定是你的方法不对，很可能是孩子还没有迎来"最佳教育期"。这时父母应该学会接纳现状，学会静候花开，也许下一秒孩子就会带给你惊喜。

让孩子对学习感兴趣是他能够终身学习的重要保障，所以，父母应该保护孩子的好奇心，给孩子更多时间去探索、去分析、去归纳，而不是把学习方法强硬地塞给孩子。

如果孩子能探索出自己的学习方法，那么他未来的学习再加上努力一定会事半功倍。

亲子互动

昨天中午睡觉醒来,就听见小龙爸爸说:"你这样算是不对的,你应该这样算。"然后跟孩子讲了一通,讲着讲着,孩子就号啕大哭起来,一边哭,一边说:"太难了,我做不了这些题!"爸爸哄不住便来找我,我一听就知道了原因!过去先哄好孩子!

大约过了一小时后,我陪孩子做算术,我先肯定他说:"你这些题都算对了啊,为什么还要擦掉?"

"爸爸说我做错了!"

"是对的,按照你的算,这个题其实特别简单,十位数的答案已经写出来了,你只需要算个位数就好!"

"我知道了,妈妈,你快关上门出去,我最讨厌你们在这里转来转去!"

10分钟左右,所有题做完了,仅错了2道题!同一个孩子,同样的题,引导的方法不同,结果完全不同!

孩子又快又好地完成作业
——有动力的孩子才能好好写作业

妈妈育儿事

"哇,好久没吃这么香的方便面啦!"我把一碗热气腾腾的方便面端上桌来,津津有味地吃了起来。

"妈妈,我也想吃!"小龙赶紧跑过来,用手拈起一根方便面塞进了嘴里,边吃边说:"真好吃!"

我没有阻止他这一系列动作,而是安静地等他的下一步动作。果然,他很快就拿起筷子准备开吃了。

"放下筷子!咱们之前约定好的,必须先做完那些口算题才能吃方便面的。"我眉开眼笑地说道。

"我才做几道题呢!那还要等多长时间啊?"说完,小龙很不情愿地坐回桌子前,继续做口算。

看着他吹胡子瞪眼的小模样,我得意地笑了。事情的起因是这样的:那天中午,我像以往一样,把12:00—13:00这段时间腾出来陪小龙写作业,但这天中午,他磨磨蹭蹭,半天都不翻书本。

看着他这蜗牛般慢腾腾的模样,我气不打一处来,真想吼他几嗓子,但想了想还是决定把选择权交给他。于是我说:"如果你现在不想让妈妈陪你写作业,那妈妈就去炒你喜欢吃的小炒肉了。"

第八章
解读男孩的学习方式，培养爱学习的优等生

"妈妈，你去炒小炒肉吧！我玩一会儿，就自己去做作业。"

听他这么一说，我悻悻然地去做饭了。果然，他自己玩了一会儿就去做作业了。我做完饭，就自己吃了饭开始午休。

结果，我睡过头了，一觉睡了两个小时，小龙的作业本没有像往常那样放在我的枕头边，他哭丧着脸说："妈妈，我的作业还没做完？那些题太难了！"

"怎么还没做完？两个小时了，平常只需要20分钟就完成了啊！"我诧异极了。待他离开后，爸爸才说："边玩边做，现在都还没吃饭。"

"什么？两个小时没做完作业，还没吃饭？"瞪大眼睛看着他无精打采的模样，我迅速从床上爬了起来，脑子也迅速转动着，跑过去拿起口算题一看，基本上都算错了。

瞬间怒火攻心，我真想大吼几声："你怎么搞的？两个小时做这么几道题，还都做错了？"但我默念了几遍："亲生的，亲生的！"

待压下怒火后，我很淡定地说："现在一定饿了吧，先去吃饭。吃饭后，就好好玩，什么时候玩好了就什么时候重做这些题。"小龙蹦蹦跳跳去吃饭了，吃完后，就开始各种玩，完全没有要做作业的意思。

我忙着工作，没时间搭理他。下午六点，我工作结束后便问他："作业做完了吗？"

"还没呢？我再玩一会就去做作业。"他正玩着iPad，没有搭理我。

我的脑子再次快速运转着，盘算着怎么给他点儿教训。想了一会儿后，我提议说："这样吧，你先看一会，妈妈去煮方便面。妈妈煮好方便面，你就必须做好这些口算题。没做好，就不许吃方便面。"

"好！"

"我们拉钩。"为了保险起见，我伸出了小拇指，小龙头也不抬地伸

出小拇指跟我拉钩。

拉钩后,我就去煮方便面。在下方便面时,我提醒道:"妈妈下方便面了哈!"小龙一听,立即放下iPad去做口算题了。不一会儿,我就把方便面端上了桌子,于是就出现了开头那一幕。

"怎么才能快速做完这些题啊?这么多题,什么时候才能做完啊?"小龙一边做题,一边哼哼唧唧地发起脾气来。他的抱怨声把我拉回了现实中。

"你可以想办法啊!怎么快速做完这些题?"

"妈妈,我知道了,我用你说的退十法,很快就算出来了。你来帮我看看是不是都做对了?"

"哇,好久没吃这么香的方便面啦!"我不理会他,边吃边故意发出"呲溜呲溜"的声响!

"妈妈,你不要再发出那种声音了!我的口水都快流到书上了!妈妈,我好想吃一口啊!我都好长时间没吃方便面了。"

"不可以哦!咱们约定好做完口算再吃的!咱们拉过钩的哦!"

"妈妈,妈妈!"

听到这两声妈妈,我忍不住走过去看了看,这一看,我惊喜地叫了出来:"哇,你这些题都做对了呢!"

"妈妈,我用你说的退位法,这些题都太简单了。"

"嗯,继续加油!做完就可以吃方便面了。"

"好的,妈妈,你别再发出那种声音了。"

"好!妈妈答应你。"

我回到桌子上,继续吃方便面。不一会儿时间,小龙就把作业本拿过来给我看。十分钟不到,他就把口算题做完了,并且全做对了。

"哈哈，我让你慢悠悠做作业，我让你边玩边做作业，我让你做作业不认真！哈哈！"我在心里哈哈大笑起来。

不过，无论心里有多狂喜，现实中的我依然面不改色心不跳地跟他一边吃方便面，一边探讨："以后还边玩边写作业吗？"

"不了，妈妈，我以后要认真写作业，写完作业后，我想怎么玩就怎么玩，想吃什么就吃什么。我再也不要像今天这样了。"

"哈哈，我还正想下次就做一桌子好吃的，让你一个人写作业，我们一家人吃好的、喝好的呢。"

"妈妈，我不要！"听到这句话，我心里得意地笑了起来，并说："对啊，又快又好地写完作业，你不仅能及时吃到好吃的，还可以自由安排时间，玩玩具，去外面散步，还可以看看动画片。如果你一天都写不完作业，就只能像今天这样了。"

"我以后会认真写作业的。"果然，第二天小龙自己独自完成了作业，写得又快又好，并且还主动跟我说："妈妈，你看我说到做到吧，我今天没有边玩边写作业，作业很快就做好了。"

"对啊！你今天的作业做得非常好，妈妈也说到做到，没管你吧？"回答完他的话，我不由得陷入了沉思。

妈妈烦恼一扫光

关于孩子做作业这件事，大多数父母其实都做错了。在孩子边玩边写作业时，我们忍不住怒火攻心，劈头盖脸把他骂一通，除了担心完不成作业以外，更是为他这种态度感到焦虑不已，火气忍不住腾腾地充满胸腔。

孩子被骂后，浑身打了一个激灵，立即集中精力迅速完成了作业。所以，很多父母都认为，在孩子写作业时，就得对他吼几嗓子，只要吼几嗓子，他们立马老实了。

曾经我也这么认为，小龙边玩边写作业，我也吼过他，也打过他一次，当时起到了立竿见影的效果，但第二天又恢复了原样。

所以，我一直在思考：怎么能促使他又快又好地完成作业？这天下午，我突然顿悟了，我不打你，也不吼你，而是用心策划了一场"阴谋"，我让你做不完作业口水直流，我让你体会那种看得到却吃不到的心痒痒。没有责备，也没有怒吼，有的是"你心痒我狂喜"，认真写作业的重要性也不言而喻。

孩子写作业这件事就像一头牛不愿向前迈步一样，如果我们牵着绳子使劲生拉硬拽，它不仅不向前迈步，还会使出浑身力量，努力挣脱我们的束缚；我们拿着鞭子在后面使劲抽它，它虽然会缓步前进，可是，它终归是前进得不情不愿，也许某一天还会踢你一脚；但如果我们在前面放一把青草，不用鞭子抽，也不用使劲生拉硬拽，它都会大步前进。因为它想吃那一把青草。

可见，在孩子写作业这件事上，我们应该想办法激发他的内在动力，而不是打骂。打骂只会让孩子心生畏惧，只会让他感觉到自己做作业是受到了惩罚，内心感受到的也是强烈的挫败感。所以，他们只会越来越抗拒做作业。

相反，我们通过一次"阴谋"让孩子体验又快又好完成作业的好处，激发他的内驱力，那么他自己就会衡量自己应该怎么做作业，让他自己给出"认真写作业"的承诺。如此一来，孩子自己就会努力做到自觉完成作业。

为了那一碗方便面迅速完成作业，他不仅感受到了认真的力量，还感受到了自己的潜力，无意识中突破了畏惧的心理，树立了信心。

信心是成功的关键。所以，孩子做作业这件事，我们更多的应该是让孩子体验到成就感，让他自信满满地集中精力去完成作业。

> **亲子互动**
>
> "妈妈，我又想吃方便面了！"
>
> "好啊！老规矩！我煮方便面，你写作业！我煮好方便面，你写好作业，我们就开吃！"
>
> 这次长记性了，我方便面还没煮好，小龙就写完一页字了！前后不到15分钟。摸底成功，以后就知道你写字的速度了！

5 孩子上网课说"你好烦，走开"
——妈妈越唠叨，孩子越烦恼

妈妈育儿事

"你好烦，走开，我不想你在我身边"。一天，7岁的儿子又对我说道。

刚开始我以为孩子只是随口说说而已，并没有放在心上。今天我像往常一样提醒他到上网课的时间了，他又跟我说了同样的话，我忽然意识到问题远没有我想的那么简单，或许孩子真的是觉得我烦了。

之前孩子不爱学习时，我只能每天坚持陪他多读，多鼓励，终于，功夫不负有心人，慢慢地他掌握了拼读的技巧，期末考试也取得了非常理想的成绩，我以为孩子的学习生涯即将步入正轨，可以让我松口气了。

没想到新年前夕的一场新型冠状病毒把大家都困在了家里，原定的开学时间一再延迟，最终让上学的计划泡汤，只能选择在家上网课。

在家学习时，我发现孩子不主动、不自觉，每天都要我三番四次地催促，我总是像一只多嘴的鹦鹉一样从早到晚唠叨个没完，久而久之，孩子就厌烦了，出现了逆反心理，时不时就说："你真烦，走开，我不想你在我身边。"从一开始的小声到后来的大声嚷嚷。看到孩子这般，我心痛不已。

记得孩子在上幼儿园时过着快乐无比的日子，天真活泼、可爱开朗、乖巧大方，可真是一个人见人爱的小暖男，我逢人便夸奖他的好。可是，自从上小学以后，我就发现他的思维与行为上都有了些许变化。

由于我家孩子是零基础上的小学，所以学习拼音对他来说还是有一定的难度，经常会发音不标准，拼读错误。为了帮助他，我便陪在他身边，提醒并纠正。时间长了，他有点厌烦，不愿读也不愿看，着实让人担心。

只是当这句话再次从孩子嘴里蹦出时，我再也抑制不住内心的愤怒，感觉怒火"腾腾"地在燃烧，直至蔓延整个胸腔，我厉声责骂道："你说的这是什么话，你嫌我烦，我还不想管你呢？我真是出力不讨好，何苦呢！"

说完丢下他回到房间，把门"砰"的一声关上了，我故意过了许久才出来，就想看看孩子会怎么样，结果我走出来时，看到他还坐在原来的位置上，大概知道惹我生气不敢再放肆了。

我走过去问他："你知道惹妈妈生气了吗？"

"知道！"孩子小声说道。

"知道妈妈为什么会生气吗？"

"因为我说了让妈妈难过的话！"

"是的，妈妈这般爱你，你却说出让我伤心的话，妈妈心里很难受。"

说完，难过的眼泪禁不住地往下流。没想到儿子看到后立刻拿了两张纸巾，一张递给我，一张擦自己的眼泪。此时此刻，我终于忍不住放声大哭起来，把这些天心里积压的痛通通都宣泄出来。

晚上，躺在床上的我辗转反侧，一向注重孩子教育的我觉得好无助，回顾这段时间，网课给孩子与家长带来了前所未有的困扰与挑战，很多家长都出现了焦虑、烦躁的情绪。

记得前不久在网上看到一则新闻：上海市民刘女士在家辅导儿子作业，因为学习跟儿子起了冲突，结果刘女士一气之下竟然选择了跳河，被消防员救出后说："我真是太累了。"

可以说带娃路上无轻松，一提起陪孩子有多少鸡飞狗跳，就有多少心酸无奈，经过不断反思，我忽然意识到：让孩子学习的同时却忽略了他的心理感受，我也难辞其咎。

妈妈烦恼一扫光

这是我的学员成成妈妈发表在我的公众号里的文章，看到她这篇文章，我内心五味杂陈，无论是零基础上学的焦虑，还是疫情期间与孩子斗智斗勇，我都感同身受。

与她不一样的是，我每天虽然在家工作，但实在是太忙了。所以，我没有时间陪小龙上网课，更没有时间去唠叨他，所以，他反而能自觉上网课，反而避免了一场鸡飞狗跳。

成成妈妈的文章发表后，我细细地思考过其中的问题，就如她自己所说，焦虑促使她一直在唠叨。

这不是她一个人的问题，而是妈妈喜欢唠叨的天性所致。是的，大多数妈妈都喜欢对儿子唠叨个没完没了，希望儿子能听自己的话。结果往往是妈妈越唠叨，儿子越烦恼。

一个原本天真活泼、可爱开朗、乖巧大方的小暖男之所以能说出那句"你好烦，走开，我不想你在我身边"，是因为他内心已经被烦恼塞满了。

那么成成为什么会感到这么烦恼呢？这主要由两个原因决定，一个原因是男孩大脑结构决定他一次只能做一件事。有关研究表明，男孩会对大脑活动进行区分，他们大脑处理血流的总量较女孩少15%，这种结构不利于他们同时进行多项任务或工作。

当男孩专心致志地做一件事情时，他的耳朵、眼睛都专注于这一件事情上，所以，无论妈妈怎么喊他，他都听不见。如果他做的事被妈妈无情打断，他往往很恼怒。

另一个原因是心理学中的"超限效应"起作用，当男孩被一遍又一遍的唠叨弄得烦恼不堪时，他为了保护自己，就会关闭自己的感知觉，自动屏蔽周围的环境。美国著名作家马克·吐温的故事就很好地说明了这一点：

一天，马克·吐温在教堂里听牧师演讲。刚开始时，他被牧师的演讲打动了，感动得掏出钱来，准备捐款。

可是，过了10分钟，牧师还在滔滔不绝地讲述，马克·吐温不仅没了感动，还感觉十分不耐烦，决定只捐点零钱。

又过了10分钟，牧师还在继续讲述，马克·吐温决定一分钱也不捐了。

不知过了多长时间，等牧师演讲结束，要求大家募捐时，马克·吐温生气极了，不仅没有捐钱，还偷偷从盘子里拿了2元钱。

父母在教育孩子时，经常挂在嘴上的一句话就是："你怎么又犯错了，我都说了多少遍了，你怎么就是不长记性？"或者无论父母说什么，孩子总是不听。这就是典型的"超限效应"，父母越喜欢喋喋不休，说服力越会大打折扣，孩子越烦恼，就会越不愿听父母的唠叨。

我们用三年时间学会了说话，却需要用一生的时间来学会"闭嘴"。

所以，父母在教育男孩时，应尽量多听少说，避免陷入"你越说，他越不听"的恶性循环中。

当孩子正全神贯注地投入一件事或一项活动时，妈妈一定要学会"闭嘴"，不要对男孩指手画脚，做一个安静的观察者，耐心等待完成，并及时为他的成就喝彩。

亲子互动

"爸爸，你要坐好，不是躺在床上听课的。"在小龙刚上小学的那段时间里，我跟爸爸每天晚上都听小龙讲课。

他站在墙壁面前，像一个小老师，有模有样地给我们讲课，并规范我们的言行举止。

"龙同学，请您上台来解答这个问题！"有时候，他会让我上台去回答问题。看着他的模样，我特别开心，因为他不仅把自己所学的知识讲了出来，还体会到了成就感。